青少年课外文体娱乐指南
QINGSHAONIAN KEWAI WENTI YULE ZHIN

U0668375

集邮知识入门指导

JIYOU ◎膳书堂文化/编
ZHISHI RUMEN ZHIDAO

成都时代出版社
CHENGDU TIMES PRESS

图书在版编目(CIP)数据

集邮知识入门指导 / 膳书堂文化编. —成都：
成都时代出版社，2014.1(2018.8重印)
(青少年课外文体娱乐指南)
ISBN 978－7－5464－0810－1

Ⅰ.①集… Ⅱ.①膳… Ⅲ.①集邮－青年读物②集邮
－少年读物 Ⅳ.①G894.1－49

中国版本图书馆 CIP 数据核字(2012)第 293951 号

集邮知识入门指导
JIYOU ZHISHI RUMEN ZHIDAO
膳书堂文化　编

出 品 人　石碧川
责任编辑　于永玉
责任校对　李　航
装帧设计　膳书堂
责任印制　唐莹莹
出版发行　成都时代出版社
电　　话　(028)86621237(编辑部)
　　　　　(028)86615250(发行部)
网　　址　www.chengdusd.com
印　　刷　北京一鑫印务有限责任公司
规　　格　690mm×960mm　1/16
印　　张　10
字　　数　137 千
版　　次　2014 年 1 月第 1 版
印　　次　2018 年 8 月第 3 次印刷
书　　号　ISBN 978－7－5464－0810－1
定　　价　29.80 元

前　言

　　集邮文化是世界性的文化。邮票是"形象的百科全书"，是"微型博物馆"，是"国家的名片"，是"窥探世界的窗口"。集邮是不分国界、不分种族、不分年龄、不分性别、不分地位的，人人都可以参加的世界范畴内的一项文化爱好活动。

　　一位资深的集邮爱好者曾经这样说过："集邮可以增知、益智、怡情、交友。"集邮可以使人增长知识、开阔眼界、陶冶情操，增强了人们对美的享受，提高了人们欣赏和鉴赏能力。

　　集邮是获取知识的途径，方寸小纸展示着博大精深的世界，从一个侧面反映了历史的进程。邮品反映了世界各地的人文、科学、历史、地理等诸多视觉形象知识。美国前总统罗斯福曾经说过，他的许多知识就是从小小方寸中获得的。一个人需要具有广博的文化和历史知识才能够看懂邮票画面上所表达的内容，反过来，通过研究邮票的画面内容，可以学到许多新的知识，开阔眼界。

　　集邮是一门综合的学问，一枚邮票，从图案的内容、意义和审美，到它的设计及历史背景、印刷过程以及制版技术等方面，无不体现着人类的智慧。

　　每当夜深人静之时，忙碌了一天的你，随手打开集邮

册，不消几分钟，五洲的风光便映入你的眼帘，世界名画和著名的雕塑便会浮现在你的眼前，历史名人的音容笑貌也会在你的眼前出现，好像要与你倾诉历史的发展。看到这些，你便会精神振奋，心胸豁然开朗，所有的疲惫与烦恼全部抛在了九霄云外。

集邮还是一种有趣的收藏活动，无论是渴望获得的热切企盼，还是拥有时的心满意足；无论是欣赏他人的收藏，还是展示自己的宝藏，亦或是邮友间的互通有无，亦或是通过集邮结识新的朋友……无不给您的生活增添无尽的情趣。

本书对邮票的历史、常识、种类、收集方法以及流行的集邮形式都一一进行了阐述。此外，本书还穿插了许多关于邮票的趣闻轶事，增强了本书的可读性和趣味性。如果你是一名集邮爱好者，本书可以让你的收藏变得更加系统可行；如果你还是一名集邮的门外汉，本书也可以使你对集邮由陌生变为熟悉，让你喜欢上集邮，乐此不疲。

目录 Contents......

青少年课外文体娱乐指南

青少年课外文体娱乐指南

青少年课外文体娱乐指南

青少年 课外 文 体 娱 乐 指南

第一章 集邮入门

第一节 集邮常识

一、集邮的兴起

　　集邮是指对邮票和邮品的收集、整理和研究。邮票素有"国家名片"之称，每个国家发行邮票，无不尽选本国最优秀、最美好、最具代表性或纪念性的东西，经过精心设计，展现在邮票上。涉及的内容包括政治、经济、文化、军事等方方面面，各行各业应有尽有，使得方寸之间的小小邮票成为包罗万象的博物馆、容纳丰富知识的小百科。

　　谁是第一个集邮者，这可真难说。1840 年"黑便士"发行不久，英国报刊就出现一条关于收集邮票的新闻报道。1841 年《泰晤士报》上刊登一则征集邮票的广告，征集人是位妇女，据说她已经收集了一万多枚邮票。她把这些"黑便士"一枚一枚地贴在墙上，装饰她的房间。就在这一年，英国许多妇女热衷于收集邮票，集邮就这样逐渐兴起了。

　　早期有成就的集邮者是法国的一位医生，名叫勒格拉。他从 1850 年开始集邮，到 1885 年逝世，三十五年中，收集了不少邮票，他还发明了量齿尺。集邮源于欧洲，后来扩大到北美，随后又遍及全球。大概在 19 世纪 70 年代，集邮传入我国。在旧中国，集邮的大多是商界和知识界的一些

人。新中国成立后,随着人民物质文化生活水平的提高,集邮活动广泛开展起来。

邮政派生出集邮,反过来,集邮又促进了邮政的发展。在所有的收藏活动中,集邮活动更为大众化,它易于入门,收藏便利,可简可繁,人人可行。对于那些沉浸于集邮之中的人来说,集邮会给他们以无穷的乐趣;对于那些追求邮品内涵的集邮者来说,集邮是一种挑战,会给人以力量;对于集邮家而言,集邮是一门不断扩大且永无止境的学科。集邮的乐趣在于其多元化,没有两个集邮者的收藏品会完全一样,可供选择的邮品收集范围不可胜数。

▶二、实寄封片和信销票

每年我们都会收到许多亲人、朋友或同学寄来的信件和各种明信片,这些称为"实寄封片",也有人称为"自然封片"。

1. 实寄封片

实寄封片就是经过实地投寄的信封和明信片。封片上的各类戳记、签条等记录了邮政历史,这些信息反映了邮政部门的工作效率,它记录了比邮票更多的资料。细心的人会发现,实寄封片的基本要素有:封片的正

香港《大熊猫》首日实寄封

面,上面书写着收信人和发信人的地址、名字;上面贴有邮票或印有邮资图或其他邮资标志;加盖日戳或加盖某种邮资戳印,在我国,上面还有投递戳。

实寄封片司空见惯,最不引人注意,也往往容易被收集者忽略。许多人随手扔掉,有的人只剪下邮票保留。其实实寄封片对于研究邮政史和邮票史具有重要作用。所以说,今天的实寄封片,就是明天的邮政史,具有较高的收藏价值。

实寄封片有许多种类,有普通、挂号、快件等之分,有普通邮资封、纪念邮资封等之分。早期的实寄封片不规范,大大小小不便于自动分检。我国自1994年4月1日开始规定通信应该使用统一的标准信封。但是仅有邮票和邮戳的信封不一定都是实寄封片,例如各种纪念封、官方发行的首日封等。

2. 信销票

信销票是指作为邮资使用过的邮票,也称实销票。信销是最正常也最多见的销票处理方式,通常由收寄邮件的局所用邮戳在邮件上把邮资凭证注销。

辛亥革命七十周年信销票

要注意,应该把邮票剪片泡在水里,待邮票分离后,一定要洗净后面的背胶,或用清水再冲一下,特别是泡在水中的邮票比较多时,应该换一次水。

待邮票晾成大半干,再压在玻璃板下或夹在书中,邮票就会平整。不应该硬从实寄封上撕下邮票,以防邮票破损。

应该重视信销票的收集,这样可以不花钱或少花钱就搞集邮,也是集邮入门的捷径。

盖销票是在没有使用过的邮票上盖上邮戳,品相好,后面有完好的背胶。盖销票专门出售给集邮者,其售价低于面值很多,所以特别适合青少年入门集邮。英文中称盖销票为 Cancelled to order,简称 CTO,是"预先盖销"之意。

区别信销票与盖销票可以看其背面是否有背胶,无则为信销票,有则为盖销票。

20 世纪 30 年代初,盖销票首先出现在黎巴嫩、罗得西亚、北婆罗洲、莫桑比克等国家和地区,主要供给邮商做袋装邮票。后来前苏联、澳大利亚相继推出大量盖销票。二战后,东欧各国和新中国也发行了大量盖销票。不少集邮家都是从收集盖销票和信销票步入集邮行列的。

但是,若参加竞赛级邮展,盖销票是登不了大雅之堂的,因为它纯粹是人工特意制作的物品,不像信销票是经过邮路寄递的。

▶ 三、收集实寄封的意义

1. 实寄封是邮政史的见证

我国邮票博物馆现保存有一枚清末由西藏拉萨寄往四川成都的挂号实寄封,封上贴有两枚大清邮票的加盖票,证明了清政府对西藏的统辖关系和行使邮权的历史史实。从封上所盖的邮戳可以看出信的投递路线是:拉萨—印度—缅甸—云南—成都,辗转了几个月才到达收信人手中。从这可以看出,当时内地与西藏的交通是何等的困难!邮路是何等的繁杂!

2. 实寄封是考证邮票发行时间的依据

到目前为止,我国发现最早的大龙邮票的实寄封日期是 1878 年 10 月 5

日,这说明,大龙邮票的发行时间一定是在此日之前。但是至今没有发现更早的实寄封,也就难怪对大龙邮票的发行时间产生"7月说"、"8月说"的争论了。

3. 有些实寄封是重要的历史文物

中国革命博物馆保存一封曾任中央军委秘书长的刘伯坚烈士的最后一封家书,信封上盖有当年南昌、西安的日戳,这枚实寄封无疑是一件珍贵的革命历史文物。

另外,国内外革命领袖的许多书信的实寄封都保存在中国历史博物馆和中国军事博物馆内,这些都是历史的见证,国家级的文物。

实寄封还是怀旧的寄托。面对陈旧的信封会让人感慨万千。

4. 珍贵实寄封的价值

一个实寄封的价值要靠拍卖显示,要靠集邮家和邮商的承认来体现。

目前世界上最昂贵的实寄封是贴了一枚号称"世界2号珍邮"——美国《蓝色男孩》邮政局长临时邮票的实寄封。

1846年,美国亚历山大里亚邮政局局长白赖安决定发行一种临时邮票供本地使用。邮票图案由两个同心圆组成,外圆由玫瑰花围成,内圆由英文"亚历山大里亚邮政局"组成,中间写有面值"5分"。邮票用黑色油墨印在浅黄色纸上。但是后来却发现了一枚印在蓝色纸上的同图邮票,被后来的集邮家戏称为《蓝色男孩》邮票。

《蓝色男孩》邮票是当代孤品,仅存在1846年的一个实寄封上。信是一名叫胡夫的人寄给女友布朗小姐的情书。信中提出要与她秘密订婚,同时,他又害怕求婚的事泄露,嘱咐她阅后把信烧掉。但是布朗小姐十分珍惜这封情书,不忍烧掉,于是就珍藏了起来。后来这对情侣如愿结了婚。当他们年老相继去世后,1907年的一天,他们的女儿在整理母亲的遗物时发现了该信,她不但阅读了父母当年的情书,为他们的深情所感动,同时也对信封上的奇特邮票十分感兴趣。她请来集邮朋友进行了鉴定,发现是一枚珍贵的变体邮票。后来此信封经过8次易手,1981年在瑞士日内瓦世界珍邮的拍卖中,被一位匿名收藏家以100万美元买了下来。

在国际拍卖史上,一件贴有两枚黑便士邮票的英国马尔雷迪邮资邮简的过贴实寄简,并盖有"过贴"邮戳,以 12000 英镑成交;一件贴有黑便士邮票的从伦敦寄往瑞士的实寄封成交价为 37500 英镑。

我国首套邮票"大龙"邮票,目前市场价在 5000 元左右,但是贴有一枚这种邮票的实寄封却在 3 万元左右;一枚"全国山河一片红"的信销票的价格要比一件贴有这种邮票的实寄封的价格低许多。20 世纪 90 年代一件这样的实寄封在郑州拍卖价为 3.2 万元,而在 2002 年的一次拍卖会上,一件盖有 1969 年 1 月 28 日河南林县邮戳的"全国山河一片红"的实寄封(封内有信件),以 20 万元成交。我国著名集邮家姜治芳特别重视收集实寄封片,他有"大龙"、"客邮"、民国初期、解放区的实寄封片等大量藏品,特别是中国早期的首航封更是珍品多多。袁世凯篡位 83 天,将民国 5 年改为"洪宪元年",姜治芳居然收集到了这期间 78 天的实寄封片。

5. 普通实寄封的处理

当然,普通的实寄封片并无太重要的保留价值,一般是把邮票剪下作为信销票保留或者连同邮戳一起剪下保留剪片。

但是在审视实寄封时,要留心一些变体或特殊的戳记。例如仔细看邮票,邮资是否合理,是否是改值票或有无变体。看邮戳,清晰可辨者为佳,并注意观察是否是临时邮局、流动邮局、风景日戳、纪念日戳、火车邮局日戳、轮船邮局日戳、欠资戳等特殊日戳;看日期,是否是邮票发行的首日、邮票停用的尾日戳或邮票超前使用的日期;详细审查邮路,特别是早期邮路长的实寄封,是否有中转戳。看是否是由于空难、水灾、地震、战乱等原因延误的实寄封。再分辨用途,看是否为专用实寄封等。例如,邮票发行的首日,快信开通的首日,邮资变更的首日、尾日,某种邮戳启用的首日实寄封等,收集是有一定难度的。在当时可能没有认识到在将来有意义,如果轻易毁掉,研究需要时寻找就不那么容易了。

实际上,集齐一套实寄封远比集齐一套邮票要困难得多。

四、集邮的方式

集邮的人群大致可以分成三种:"随意"类型和"精品"类型。

所谓"随意"类型,是指搞集邮主要是为了玩玩,喜欢什么就收集什么,随心所欲,不受什么框框约束。这部分人不太看中结果,只要能带来快乐,舍得付出辛苦和金钱,重在收集的过程。这部分人的共同特点是不去参加竞赛级邮展。这种类型的人占集邮人数的大多数,搞快乐集邮。这些人为了制作原地封、生肖封、极限片,整天查资料、发信函,既费功夫又费钱,却乐此不疲,时时陶醉在自我欣赏和自我满足之中。他们中有人喜欢各种纪念封、官方首日封,不管他人"无参展价值"的非议,都买来收入邮集册中。有人苦苦收集各种邮戳,整天在邮商处寻寻觅觅。他们中的一些人也按自己的想法精心设计和制作收藏品的邮集,在邮友中间也津津乐道其中的得意邮票和一些珍罕品。他们中有些人邮识相当高,也研究和发现邮品的变异,也了解世界各种邮品的发行情况,也是某个专题领域的专家,但是他们清楚地知道,珍邮是弄不到手的,也无意花费巨额资金去追逐珍罕度过高的邮品。这些人观赏自己的邮集带来的欢愉心情,不比通过邮集获大奖的人逊色。

而"精品"类型的集邮爱好者则完全不同,他们集邮的目的就是要去参加各级竞赛级邮展,整日研究国际集邮联合会制定的竞赛规则,按照自己选择的集邮方式,如传统集邮、专题集邮、航空集邮等,只买与自己收集范围有关的邮品,其余概不过问。追逐各种珍罕品,苦心编排参展邮集,有他们自己的追求和快乐。

还有一种投资型的集邮爱好者,他们的目的也很明确,就是要赚钱。他们研究的是邮品的发行量、存世量、题材的优劣,猜测邮市中的"黑马",关注市场动态,研究是长线还是短线炒作,根本不关心邮票是什么内容,在他们眼里,邮票就是一种商品。他们购买邮品都是整箱、整包、整版地囤积,我们常常称他们为邮商。

大多数集邮爱好者都是奉行"以邮养邮"的原则,在自己购邮的同时兼顾投资。这些人是行家,知道其他集邮爱好者的口味,有针对性地购入人们所需的邮品,既充实了自己,又活跃了市场,为提高其他集邮爱好者的邮集档次帮了忙。

▶ **五、集邮研究的主要内容**

收藏目的不同,集邮研究的内容侧重点不同。如搞传统集邮和专题集邮研究的内容基本上是完全不同的;自娱自乐型与参展型研究的范围也不相同。但是综合一下,总的研究范围有以下几点:

1. 以邮票为主的集邮品的发行时间、历史背景、设计和印刷中的各种问题。

2. 研究邮票画面和邮资封、片、简、信卡画面上反映出来的社会科学、自然科学与各种学科的专题性的内容。

3. 对各种集邮品的认识、鉴定、分类和整理。

4. 对"四史"的研究和探讨。"四史"的内容如下:

(1)邮政史:指近代邮政的创立、发展过程及有关的邮政重大事件的历史。研究内容包括邮政机构的设置、变迁,邮政业务的发展沿革,交通邮路的开设兴衰,邮政资费的变更,邮资凭证和其他邮政单据的演变等。

(2)邮票发行史:指世界各国近代邮政中邮资凭证发行的历史。研究内容包括正式邮票发行前邮政资费的收取凭据,最早发行使用的邮票,邮票票种的设置,邮票面值的变更,邮票的版别与印次、印量与存世数量,发行邮票的政权或机构变迁,邮票的发行及使用地域,邮票的承印厂家和印制情况。

(3)集邮活动史:指研究集邮活动的历史。集邮活动在全世界已经经历了一个半世纪,要研究它的兴起、发展、意义、性质、内容和方法以及集邮与各社会科学的联系。其中包括一些重要的集邮组织、集邮会议、集邮展览、集邮出版物、集邮人物等。

1860年法国巴黎街头出现了世界上第一个邮票交易市场。邮商的出现,推动了集邮活动的发展。1861 年法国印出了世界上第一本邮票目录,方便了集邮者对邮票的收集,起到了引路作用。1862 年法国巴黎制作了世界上第一本集邮册,使集邮步入正规化。这一年在巴黎还出版了世界上第一本集邮知识书籍《集邮者手册》,为集邮的兴起起到了推波助澜的作用。

(4)古代邮驿史:指近代邮政出现之前的邮政通信的历史。研究内容包括近代邮政出现之前的通信方式、通信机构、邮路和驿站的设置。

我国年轻的集邮家李理是一位研究生,他编著的《中国古代邮驿史(公元前 400 年—公元 1911 年)》邮集,用实物详细介绍了中国古代邮驿历史的变迁,可称得上是一部真正意义上的古典邮集,并且开创了首次参加世界邮展就获得金奖的纪录。至今他已经取得大奖和大金奖各 1 次、金奖 4 次的成绩。国际集邮界把一个国家古典邮集的水平,当作一个国家竞赛集邮水平高低的一项重要指标,他的邮集为国争得了荣誉。古典时期的邮品存世极少,收集难度极大,就连资深的老一辈集邮家都不敢轻易组集。曲高和寡,有时陷入到走投无路的苦闷心情,是普通人难以理解的,李理那种知难而上,不畏艰险,敢于攀登集邮险峰的精神是值得大家学习的。他为了收集一枚唯一一件存在私人手中的北宋时期由驿站"急递铺"传递的官方信件,不惜重金,委托国外中介从美国购回,使国宝回归到国内。

李理的邮集中有许多珍品,如一件乾隆十九年台湾总兵寄给皇后祝贺新年的驿站实寄封;一件光绪十四年二月二十六日台北府寄往双溪口的实寄封,上面贴有一版台湾宫用邮票,弥足珍贵。特别是他收集的西藏邮品,如 1689 年康熙帝寄给五世达赖的信件;1804 年西藏与尼泊尔战争的有关军事邮件;清代驻藏大臣的公文封;清代西藏驿站的《马上飞递》实寄封,不仅证明了西藏自古就是中国领土的一部分,而且说明了西藏很早就有发达的官方邮政体系。正如他所说的:"通过收集可以使我们拥有一份历史,通过收集可使那些漂泊海外的中国珍品回家;通过研究可以使历史的本来面目在我们手中再现,通过研究可以使我们更加深切地理解中华文明的精髓;通过展示可以使那些研究成果公之于众,通过展示可以使世

界更加了解中国！"

第二节 集邮的文化与现实意义

集邮是一项有益的业余文化活动,它在各项收集活动中占有重要地位,拥有最多的收藏人数。邮票本来是寄信时作为已付邮资的凭证,经过160多年的演变,它已不仅仅起邮资凭证标记的作用,已经发展成为一种小型的艺术品和宣传品。

邮票图案丰富多彩,它能反映出世界各国政治、经济、历史、文化、艺术等多方面的情况;邮票的题材内容非常广泛,有植物、动物、体育运动、文物艺术、宇宙航天、人物、会议、节日等等,几乎无所不包。小小的邮票以它精美的画面和丰富的内容吸引了世界上数以亿计的爱好者。集邮有着诸多的好处和极强的现实与社会意义。

▶一、增长知识,陶冶性情

集邮可以增长知识、提高文化素质和鉴赏水平,而且还能获得美的享受。对邮票全面地欣赏,在增长知识的同时还能提高审美能力、调剂精神、消除疲劳、开阔眼界。邮票图案结构的内容和艺术形式,对集邮者的思想还会产生潜移默化的作用。知识的积累过程也正是这样。

▶二、智慧的结晶,辛勤的动力

收集、整理、研究邮票,制作贴片等都要花费一定的时间和精力。因此,可以说集邮的过程是一个劳动的过程。每一部邮集都包含着收集者的智慧和创造。收集越丰富越能享受到集邮的乐趣,对集邮者还能形成一种鼓舞的力量,催人奋发上进,辛勤务实。

青少年课外文体娱乐指南

▶三、投资的目标,财产的保值

随着我国改革开放的深入,市场经济的发展,人们经济实力迅速提高,带起了收藏热的高潮。不少人在收藏文物和邮品的同时,也在寻求各种能够保值的途径。经过探索,从上世纪 80 年代以来,人们逐渐把邮票当作投资的重点目标之一。

一部分富裕起来的人中有少数对剩余资金的处理往往选择投资增值,以追求投资利润,这种倾向越来越明显。他们人数虽少,但是财力雄厚。邮市风险较小,收益却相对较大。在这种情况下,邮品投资的理念广为流行。

以邮养邮的投资模式逐渐演变成为纯邮品投资的形式,介入的资金量也是以邮养邮所无法比拟的。大宗交易屡见不鲜。邮市成交金额节节攀升。显然,其目的是通过邮品这个媒介来达到资金的增值。

进入新世纪以来,有相当一部分人自己并不集邮,但是却每年购买新邮。上世纪 80 年代末出现了系统的年票定位册,年票定位册集邮者大幅度增加,不过他们中绝大部分买来后即束之高阁,准备到子女成人时送给他们或者届时卖掉。这种收藏与投资相结合的人越来越多。这种留给子女的集邮方式仍然是一种投资行为,只是这一模式的投资是长期行为,与纯投资的短线目的有所不同,是符合收藏品的真正投资规律的。

总之,在目前庞大的集邮队伍中,真正以收集邮品为主的纯集邮者所占的比例越来越少,有成就的集邮家更是凤毛麟角。绝大部分集邮者集邮是基于邮票保值和增值的功能。从集邮活动发展的趋势来看集邮越来越投资化了。

▶四、集邮竞技,提高品位

在邮展上获国际金奖和国家大奖是集邮家的心愿,因为这标志着一个人集邮事业的最高成就,是心血、金钱和汗水的结晶,同时也是国家文化素

质和文明程度提高的标志。

现在,在世界集邮展上获奖的大部分都是欧美发达国家,他们不仅在经济实力上是强国,在文化领域也是遥遥领先。

从历次获奖情况上看,素有集邮王国之称的美国金牌数比获第二名的德国金牌数竟然多出 114 枚,可见美国是一个名副其实的"集邮超级大国",这与美国国内群众的集邮基础和文化基础是密切相关的。据报道,目前全世界的集邮人数超过一亿,其中美国多达 2200 多万,占总人数的五分之一。中国从 1995 年的第 36 位上升到 2001 年的第 10 位,在亚洲排在第 2 位,仅次于日本,可以看出,这与中国的经济和文化腾飞是一致的。搞好自己的邮集,去参加世界邮展和国际邮展,拿大金奖,像奥林匹克运动会拿奖牌一样,也是为国争光。

第二章 邮票

第一节 邮票的诞生

▶一、世界首枚邮票的问世

1840年5月,世界上第一枚邮票在英国问世,邮票的诞生在世界邮政史上树起了划时代的里程碑。邮票带给了人们寄信的方便、简单和快捷,为通讯事业的发展带来了一场革命。

1."黑便士"——邮票百花园中第一颗种子

早在邮票出世以前,人们就有信件往来。到了19世纪中期,工业、商业、交通运输业的发展,使得人们的书信往来日益频繁。那时候还没有邮票,邮寄信件的费用是由收信人来付,寄信的人反而不用花钱。

说起邮票的诞生,曾有这样一个故事广泛地流传着:一百多年前,英国一个小姑娘收到一封来信,她接到信后只往信封上看一眼,就交给邮递员让把信退回去。她说:"我没有钱收信。"邮递员和她争执起来。这时有个叫罗兰·希尔的英国贵族散步走了过来,看到这种情况,问明争执原因,他掏出钱为小姑娘交了邮费。小姑娘很感激他,并向他说了实话。她说,这是她远方的亲人的来信,因为家里很穷,拿不出钱来交邮费,他们事先约好,如果他的身体健康,就在信封上画一个圆圈,她收信时看到信封上的圆圈,就知道他身体安好,可以不必付钱取信了。这位英国贵族明白了小姑娘拒绝收信的理由,觉察到邮政管理上有漏洞,认为邮政制度需要改革。

1837 年,罗兰·希尔印了一本小册子,书名叫《邮政改革——其重要性与可行性》。书中提出了改变收费办法、降低邮费、统一邮费等一系列改革建议。他建议印制统一的邮票,由寄信人付钱购买贴在信封上寄出,收信人不必再支付邮费。他的建议得到广大群众和工商界的支持,一些顽固守

世界上最早的邮票"黑便士"

旧的人却加以阻挠。但是,改革是不可阻挡的,两年后英国政府终于采纳了他的建议,开始进行邮政改革。

罗兰·希尔为设计邮票图案忙碌着。他举办邮票设计公开竞赛,参加竞选的邮票图案很多,最后选用了维多利亚女王侧面像,两边有简单的图案作装饰。这种邮票于 1840 年 5 月 6 日正式发行,在这一年中,重印了 11 次,印了 6800 万枚。

这种邮票是黑色的。按照罗兰·希尔的建议,不管一封信寄往多远的地方,邮费一律定为一便士(便士是英国货币的名称),所以这种邮票就有了"黑便士"的别称。

"黑便士"票幅很小,没有齿孔,使用时要用剪刀一枚一枚地剪开,稍不注意就会把邮票剪坏了。后来英国有些小商店为了赚钱,就买进整张邮票剪开,然后再一枚一枚地出售。可见,最初的邮票是不完善的。但是,罗兰·希尔这个卓有成效的改革,导致了邮政事业的巨大转变,它简化了邮件

收费的繁琐手续,加快了邮件传递速度。

从"黑便士"出现到今天,人类使用邮票已有一百六十多年的历史了。在这一百多年中,各国发行了数十万种邮票,"黑便士"这邮票百花园中的第一颗种子,结出了丰硕的果实。它为人类的文化生活开辟了新的领域,集邮活动很快出现了。人们忘记不了罗兰·希尔的功劳,为了纪念他,许多国家都发行了纪念他的邮票。

2. 黑便士邮票的排版特点

因为"黑便士"整版邮票为 240 枚,分为 20 行,12 列。即横向 12 枚,面值正好为 1 先令。竖向 20 枚,整版面值恰好是 20 先令,合 1 英镑。

为了确保邮票的防伪,除了采用水印纸外,还在每一枚邮票的下部左右两角各印上一个大写的字母作为编号。编号的规律如下:

左角为"行"的代号,以英文字母 A 直到第 20 个字母的 T 为止;右角为"列"的代号,字母从 A 到 L。这样凭借每枚邮票下面左右两角上的字母,可以准确判断出它在整版邮票中的位置,如左 C 右 D,就是第 3 行中的第 4 枚。

尽管 1840 年的邮票现存数量相当可观,但要复原原来的一个完整的印张却是非常困难的。由于邮票刚刚问世,人们还不大懂得邮票是什么,所以每整张"黑便士"的纸边上都印有说明文字:"每一枚邮票是一便士,每行十二枚售一先令,每全张售一英榜。把邮票贴在收信地址右上方,涂湿标签时,请勿擦掉背胶。"

任何新生事物的产生都会受到一些人的质疑和指责。有人曾经散布邮票的背胶会引发舌癌的谣言,为了辟谣,成立了专门委员会进行调查,直到委员会宣布背胶是由土豆、小麦淀粉和水胶调制而成的,谣言才消失。

"黑便士"在发行的时候,并没有在票面上印上国家的名字,这是因为在当时其他的国家没有邮票而不需要加以区分的缘故。直到今天,英国邮票上面仍然没有国家的名称,而是印上了英国女王的侧面像与其他国家进行区分。

与黑便士邮票同时发行的还有图案相同的蓝色二便士邮票,俗称"蓝便士"。据说是在印制时误将邮票印成了蓝色。邮票的版式和黑便士完全一样,它的发行量比黑便士要少,珍贵程度超过黑便士,但闻名程度却远不及前者。有的蓝便士的印刷透过纸背,背面可以相当清楚地看到女王的肖像,这种透印票尤其难得。目前存世的蓝便士邮票只有两种:一种是一组八方连邮票,票上盖有英国最早使用的"马耳他十字戳";另一种是一枚信封残片,残片上贴有半枚蓝便士邮票,是用二便士邮票对剖使用的。戳上的日期为 1841 年 3 月 27 日,是世界珍邮之一。

一对蓝便士邮票

"黑便士"面世九个月后,即 1841 年开始发行红便士邮票。改色的原因是因为黑色邮票上盖销黑色邮戳不易看清,有人将盖有黑色戳的邮票揭下来重复使用。于是就用同一版模将邮票印成红棕色的了。但是黑便士邮票几乎具备了现代邮票的所有特点,具有科学性和使用性,许多国家纷纷效仿,开创了邮票发行的纪元。

二、中国邮票的始祖——大龙邮票

1. 中国邮政正式开办

就在世界上第一种邮票出世那年(1840 年),在中国的国土上,清朝政府和英帝国主义之间爆发了鸦片战争。腐败无能的清政府,被英帝国主义打

败,被迫签订了第一个不平等条约——《南京条约》,将广州、上海、福州、厦门、宁波五个城市开放为通商口岸,这就是历史上的"五口通商"。

随着"通商"而来的,是帝国主义的政治文化侵略。一系列的不平等条约逐步地把中国推向半殖民地的道路,在邮政方面也起了深刻的变化。1842年以后,英国陆续在各通商口岸开设邮政机构,此后各帝国主义列强纷纷仿效。当时的"工部局书信馆"就是帝国主义凭借强权在我国领土上开设的地方性邮局。1865年上海工部局书信馆开始发行邮票。此后,汉口、烟台、福州、厦门、重庆等地书信馆也陆续发行邮票,供商埠之间通信时贴用,这种邮票叫做"商埠邮票"或"埠际邮票"。这些邮票虽然在我国使用,但它是帝国主义列强发行的,不是我国正式发行的邮票。

在这段历史时期内,太平天国战争如火如荼,各国使馆要求清政府保障他们的通信安全。1878年(清光绪四年),李鸿章支持海关总税务司的赫德在海关内试办邮政。赫德是英国人,当时把持着海关总税务司的大权。同年他在北京、天津、牛庄(即营口)、烟台、上海开办海关邮政局,并于1878年3月23日发布公告。公告的发布,宣告了中国近代邮政的诞生。

大清邮政的开办,打破了几千年中国传统的通讯模式,利用火车、轮船等先进交通工具,提高了邮件运行速度,并且仿照国外先进的管理模式,开办包括快信、包裹、汇兑等多项邮政业务,使得邮路遍及全国,充分显示出国家邮政力量。但是清王朝34年的邮政大权始终由外国人控制,根据统计,各国在中国的邮政管理人员共有119人,其中担任邮务长、副邮务长等职位者有44人,分别来自十多个国家。

2. 大龙邮票概况

关于大龙邮票的设计者目前尚有争议,可能是由美国人马斯设计,雕刻铜版凸印,由拔拉茂旦雕刻,上海海关造册处承印。

大龙邮票全套共有3枚。面值以银两为单位,1分银为绿色,3分银为暗红色,5分银为橘黄色。

大龙邮票正中央是蟠龙,衬以云彩水浪,四周设有四格,上格列英文"CHINA",两个角写汉字"大清",底格列英文"CANDARINS",两个角分别

印有表示面值的数字1、3、5。左格分别印有"壹分银"、"贰分银"、"伍分银"，右格印有"邮政局"。

中国首套邮票的图案为什么选用"蟠龙"呢？

世界上邮票诞生的最初30年，各国发行的邮票图案大多是国家元首肖像，当时也有人提议采用皇帝或慈禧太后的肖像作为邮票的图案，但是清政府却认为邮票用后难免随信乱丢，有失帝王的尊严，因而没有被采纳。后来发行的《庆祝慈禧太后60寿辰》的"万寿"纪念邮票，全套有9枚之多，却连一枚也没有她的肖像。

采用龙图，是因为龙是中国封建帝王的象征。传说中的龙能兴风作雨，法力无边，封建统治者把帝王比作龙，自称"真龙天子"。大清朝以龙旗作为国旗，邮票上的蟠龙也具有象征国家的意义。当时人们把邮票称为"龙头"。

1885年又发行了第二套邮票，这套邮票也是以龙为图案的，票幅比第一次的小。后来，集邮家们称第一套邮票为"大龙邮票"，称第二套邮票为"小龙邮票"。因为当时的邮政由海关兼办，所以大龙邮票也叫做"海关大龙"。

1894年（光绪二十年）爆发了中日甲午战争，慈禧太后还为自己祝贺六十大寿。当时海关总税务司赫德建议发行了一套纪念邮票。这套邮票共9枚，采用了龙、五蝠、牡丹、蟠桃、鲤鱼、万年青、帆船及寿字等一些吉祥图案。这是我国第一套纪念邮票。后来，集邮者把它称为"万寿"邮票。

清代海关兼办邮政时期就发行了上述这三套邮票。1897年，"大清邮政局"第一次正式发行邮票。这套邮票共12枚，以龙、鲤鱼、飞雁为图案。集邮家们称它为"蟠龙"邮票。

3. 大龙邮票的版式

大龙邮票共发行过三版。

第一版称"薄纸大龙"，1878年发行，印纸纸质韧薄，略呈透明，两枚邮票之间距离为2.5mm，每枚发行量各为10万枚。全张邮票数为5×5＝25。

第二版称"阔边大龙"，1882年发行，1分银、3分银的纸质同第一版，独5分银采用的是法国柔薄易脆裂的葱皮纸印制，印色也由橘黄色变为黄色。两枚邮票之间的距离为4.5mm，所以称为"阔边大龙"。第二版邮票发行量

中国第一套邮票:大龙邮票

最小,在 2 万枚左右。其中 1 分银、3 分银的全张邮票枚数为 $3 \times 5 = 15$,5 分银的全张邮票枚数为 $5 \times 5 = 25$。

此版邮票大部分被用掉了。新票存世稀少,尤其 5 分银新票更是珍贵。我国著名的集邮家姜治芳先生在国外工作的时候,经常光顾法国、比利时等邮票市场和邮票店,虽然他当时已经收集到大龙邮票 100 枚,但是唯独缺少"阔边大龙"5 分银新票,能够买到它是他梦寐以求的愿望。后来他在巴黎一家邮票店函购了一批邮票,整理时,竟然发现了一枚"阔边大龙"5 分银新票,他欣喜若狂,他形容当时兴奋的心情,简直不亚于当年哥伦比亚发现了新大陆。再后来,他又在巴黎另外一家邮票店见到"阔边大龙"5 分银新票的四方连,他宁愿出高价求购,无奈店主始终不肯割爱,令他遗憾终生。

素有"中国邮王"之称的周今觉当听说美国华邮专家施塔藏有一版号称西半球最珍贵的华邮——"阔边大龙"5 分银新票时,他立即千方百计地托人去说情,愿以重金求购。但是施塔不光是一位收藏家,他还是一位富翁,他并不需要钱,周今觉的希望也落空了。为了安慰周今觉,施塔给他寄了一张照片做留念。

这版"阔边大龙"5 分银新票,目前已知存世只有一版,为世界孤品。香港著名集邮家林文琰先生几经周折,将它收集到手中。1999 年北京世界邮展期间,曾经在展场单独展出,有的人为了一睹风采,需要在长龙般的队伍后面排上两个小时的队。

第三版是"厚纸大龙",1883年发行,由于纸的厚度增加而得名。初印时,由于齿孔光洁,称"光齿大龙",后期齿孔毛糙,称"毛赤大龙"。全张邮票枚数为 $4×5=20$。

清王朝从1878年正式发行大龙邮票算起,到1911年被辛亥革命推翻为止的33年中,共发行各种邮票约30套,180多枚。其中有一套用印花税票加盖文字后代替邮票使用的"红印花加盖暂作"邮票,在这种邮票中,有一种"当壹圆"用小号字加盖邮票,非常名贵。清王朝被孙中山先生领导的辛亥革命推翻了,发行了辛亥革命纪念邮票,图中印有孙中山先生像,很有意义。

▶三、各大洲的第一枚邮票

1. 北美洲

北美洲的第一枚邮票是美国半官方信局——纽约专差邮局1842年2月1日发行的市内快递邮票,主图为华盛顿正面像,面值为3美分。

2. 南美洲

巴西帝国1843年8月1日发行的"牛眼邮票",全套为3枚,是南美洲第一枚国家政府发行的邮票。之所以称为"牛眼",是因为邮票图案总体像牛的眼睛。

3. 非洲

非洲的第一枚邮票是毛里求斯英殖民政府于1847年9月21日发行的。全套2枚,主图为维多利亚女王侧面像。毛里求斯在当时的大英帝国版图上,只是一个不起眼的小点,但是在这里却产生了举世瞩目的世界珍邮。在雕刻邮票铜板的时候,由于疏忽人们把"POST PAID"(邮资已付)刻成了"POST OFFICE"(邮局),所以人们把这批邮票称为"毛里求斯邮局邮票"。这批邮票存世量极少,成为了世界著名珍邮。至今只发现了3个实寄封和3枚2便士、24枚1便士的邮票。

非洲第一套国家政府发行的邮票是 1860 年由利比里亚共和国发行的，全套 3 枚，主题为自由女神像。

4. 大洋洲

大洋洲的第一枚邮票，是新南威尔士责任政府（现为澳大利亚的一个州）在 1850 年 1 月 1 日发行的，全套 3 枚，主图为"悉尼风景"的圆形徽记。大洋洲的第一枚国家政府发行的邮票，是夏威夷王国（现为美国的一个州）在 1851 年发行的，全套为 3 枚，主图为表示面值的数字，均为蓝色。这些邮票多为在该岛居住的欧洲传教士使用，所以也被称为"夏威夷传教士邮票"，因为当时未被邮局记录在案，所以多年不为人知。大洋洲的第一枚国家政府发行的邮票 1864 年在欧洲首次被发现，其中 2 分票存世仅 15 枚，新票只有 1 枚，为世界珍邮。

5. 亚洲

亚洲的第一枚邮票是印度信德地区（现为巴基斯坦的一个省）地方长官在 1852 年发行的，圆形图案分别凸压在红色、蓝色、白色胶纸上，票幅为圆形。亚洲第一枚国家政府发行的邮票是奥斯曼帝国（现为土耳其）在 1863 年发行的，全套 4 枚，主图为新月上签有"帝国苏丹"的拼合花押。

▶ 四、邮票的功能

邮票是邮资凭证，属于有价证券。发行权属于国家或地区政府授权邮政部门，除此之外，任何单位和个人都无权发行邮票。

邮票的主要功能是邮资凭证。邮票贴在邮件上起到邮资已付的证明作用。

此外，它还具有 3 个功能。

1. 进入集邮领域，具有收藏价值，有特殊商品的属性

邮票在用过以后，丧失了继续通信使用的功能，但和其他物品不同，它们流入到收藏界，仍然具有商业价值，有时，价格还要高于新邮票。新邮票

进入到集邮领域,随着时间的推移,也会自然增值。

正是由于邮票的经济价值,形成了邮票市场,形成了世界性的邮票商业网,产生了国际邮商联合会。集邮当初主要是收集信销票,是不花钱的,但经过发展,转而以收集新票为主,以收集珍罕品为目标,就必须买入。如某些集邮品在拍卖会上进行拍卖或在集邮市场、集邮商店进行交易。像看电影、买影碟、跳舞等文化消费一样,集邮也是一种文化消费,花钱买邮票是正常现象。

欧洲有三个袖珍小国——圣马力诺(Sam Marino)、摩纳哥(Monaco)和列支敦士登(Liechtenstein),都是以发行精美的邮票闻名于世界,其邮票的销售收入成为国家的主要收入来源之一。

2. 画面内容具有宣传功能

因为邮票要流通到世界各地,各国在邮票票面上都印上反映本国悠久历史、旅游风光、建设成就或者某次重要会议的召开、某届奥运会的举办等画面,起到宣传的作用。同时,邮票的设计、印刷是否精美,反映了国家的发达程度和印刷水平,难怪有人称"邮票是国家的名片"。邮票以独特的艺术形式反映社会的现实和民族文化,格外引人注目。

3. 具有历史文物和历史资料的属性

某些邮票是珍贵的历史文物。1930 年,闽西革命根据地发行的邮票——《闽西赤色邮花》在民间被发现的故事恰好说明了这个功能。

1927 年大革命失败后,中国共产党开始在农村建立根据地,闽西革命根据地创建于 1929 年,1930 年 3 月成立闽西工农民主政府,负责邮政的"闽西交通总局"大约是在当年的 10 月份发行了邮票。先发行了 2 枚,图案相同,是面值为"2 片"的黄棕色邮票和面值为"4 片"的浅棕色邮票,图幅为 20mm×22.5mm。采用的是五角星内铁锤和镰刀倒悬着的图案,之所以把铁锤和镰刀倒悬,据说是为了专门纪念列宁逝世 6 周年。后来又发行了一枚深绿色面值为"4 片"的邮票,把铁锤和镰刀正了过来,图幅为 20mm×23mm,所以这种邮票全套共 3 枚。闽西方言把几枚铜元称为"几片"铜元,因票面上标注"闽西交通总局"和"赤色邮花"字样,因此这套邮票又被称为《赤色邮花》。这套邮票的使用时间极短。又因为经过残酷的五次"围剿"及二万五千里长征,所剩已凤毛麟角,国内外一些著名集邮家收藏的也仅数枚信销票而已,被称为"区票明星",是誉满中外的珍品。

令人惊喜的是,1990 年 1 月在福建发现了 7 版《闽西赤色邮花》深绿色"4 片"邮票,除去被虫蛀蚀的以外,还剩下 116 枚。

邮票发现的经过是这样的:福建永定县一姓张的农民,在擦洗一张祖上留下来的旧桌子时,发现桌子顶板上粘着一个牛皮纸纸包。取出来一看,里面有两块银圆和这些邮票。

经过了解,弄清了事实。原来在 1940 年的冬天,张氏老辈率领族人翻修宗祠时,在匾额后面发现了一个纸包,揭开层层包裹的油纸和草纸,里面包着的竟是红军时期天德乡苏维埃政府使用过的印章、文件、信函、旗帜和一卷邮花。为了安全起见,大家决定把这些东西烧掉。点火前,年方 24 岁的张暖祥要求留下红军邮花做纪念,由他密藏,大家同意了,于是他把邮票带回了家。一天傍晚,他拿出一张在床上欣赏,看过之后顺手夹入一本杂志中。

不久,发生了"皖南事变"和"闽西事变",国民党军队到处追剿,家家户户被搜查,张暖祥的父亲劝儿子烧掉赤色邮花,以免连累全村,迫于无奈,张暖祥只好忍痛把那卷邮票交给了父亲。真没有想到,当初父亲甘冒生命危险,没有把邮票烧掉,而秘密地藏在了桌子顶板上。

而那版无意夹在杂志中的邮票,在 1958 年福建老区建设委员会举办革命文物展览时,被张暖祥无私地捐献给了永定县有关部门。

1990 年,为庆祝解放区邮票发行 60 周年,发行了 2 枚一套的票中票邮票,其中一枚就是这枚邮票。

第二节　邮票的要素

构成邮票的有关因素,如国家或地区的标识、面值、背胶、齿孔、形状、材

质、水印、版式、图案、刷色、纸质等,称为邮票的要素。

一、邮票发行国家或地区的铭记

邮票的发行主体是邮票身份的重要标识。自邮票诞生以来,全球发行邮票的实体逾千个,除了政府机构,还有军队等部门也参与了邮票发行。在沧桑巨变中,各国版图分分合合,不断变化,还有许多当初发行邮票的实体已经消亡。目前世界上还有 260 多个国家和地区发行邮票。能够认清这些邮票上国家或地区的铭记是一门学问。

早期世界各国发行的邮票,有许多不印国名,如英国、瑞士、巴西、匈牙利、奥地利等。1874 年万国邮联的前身,邮政总联盟在《万国邮政公约》第187 条规定,邮票上必须印国名或铭记。现在除英国以外,各国或地区都有国名或铭记。

有时存在特例,如我国 1933 年发行的《谭院长纪念邮票》全套 4 枚,票面上就没有印国名。

一般一枚邮票上只有一个国家或地区的铭记。但也有特例,如一枚邮票上就有"肯尼亚(KENYA)、乌干达(UGANDA)、坦桑尼亚(TANZANIA)"三国的铭记,并在三个国家内都使用有效,这是历史上殖民时期沿袭下来的结果。联合国邮票是在 20 世纪 70 年代以前发行的邮票,大多数用中文、英文、法文、西班牙文和俄文 5 种文字标明。

一个国家或地区的邮票在不同时期的铭记是有变化的。以中国为例,就有"大清邮政局"、"大清国邮政局"、"大清邮政"、"中华民国邮政"、"中国人民邮政"、"中国邮政"等。许多国家也存在这种变化。

有的国名凭借英文知识可以猜出来,例如:AUSTRALIA(澳大利亚),BOTSWANA(博茨瓦纳),BRASIL(巴西),BANAMA(巴拿马),PAKISTAN(巴基斯坦)等。

但是有些凭借英文知识就猜不出来,例如:BURMA(缅甸),LIECHTENSTEIN(列支敦士登)、CENTRFRICAINE(中非)、KOREA(韩国)等。

有些国家用本国主要民族的名称代表国名,如匈牙利使用"MAGYAR"(马扎尔,匈牙利主要民族)代表,瑞士使用古代历史上的一个民族名称"HELVETIA"(荷尔维第亚)代表国名。

有些国家邮票上只使用本国官方文字或缩写字母标注,这也是大多数国家的通行做法,如采用中文、法文、西班牙文、德文、阿拉伯文等。采用缩写字母表示的,如:CCCP(苏联)、U.S(美国)、DDR(原民主德国)、SWA(西南非洲,即纳米比亚)等,更增加了认识的难度。

许多国家同时使用本国文字和英文标注国名,更便于该国邮票走向世界。如印度(INDIA)、泰国(THAILAND)、埃及(EGYPT)、伊拉克(IRAQ)、以色列(ISRAEL)等。中国现在也加上了英文(CHINA)。日本自1966年起加注拉丁字母"NIPPON"。

有些国家国名更改过,如斯里兰卡(SRILANKA)原名"锡兰(CEY-LON)",贝宁(BENIN)原名"达荷美(DAHOMEY)",吉布提(DJIBOUTl)原名"索马里海岸(SOMALISÔTK FRANçAISE DES)",赞比亚(ZAMBIA)原名"北罗得西亚(NORTHERNRHODESIA)",马达加斯加(MADAGASAR)原名"马尔加什(MALAGASY)",加纳(GHANA)原名"黄金海岸(GOLD-COAST)"等,前、后国名既要同时记住,又要能把前、后国名对应正确。最好能同时记住更改国名的时间。

另外,某些国家由于历史上的原因,邮票上的铭记有多种变化,必须了解世界历史和一些国家的历史才能判断出来。如中非曾经在邮票上使用过"法属刚果"、"乌班吉沙里"、"乌班吉沙里法属赤道非洲法国"、"法属赤道非洲"、"自由法属非洲"、"中非共和国"、"中非帝国"等。德国就有"民主德国"、"联邦德国"、"西柏林"等区分。邮票上铭记的演变,是一个国家历史的写照。

有些国家,有时联合,有时分开,发行邮票的主体经常变化,如:"阿拉伯联合酋长国"是由阿布扎比(AUB DHABI)、富查依拉(FJEIRA)、迪拜(DUBAI)、阿治曼(AJMAN)等7个阿拉伯国家合并;1963年9月成立的马来西亚由柔佛、沙捞越、霹雳、新加坡等14个苏丹国和地区组成。"阿联"也

曾合并、分开，都各自发行过邮票。

有的国家和地区的名字，可能你不熟悉，甚至根本就没有听说过，例如：BURKINA FASO（布基纳法索，原名"上沃尔特"）、PITCAIRN ISLANDS（皮特凯恩群岛）、COMORES（科摩罗群岛）、LIECHTENSTEIN（列支敦士登）、KIRIBASI（基里巴斯）等。

一些不法之徒伪造貌似邮票的"花纸头"蒙骗集邮爱好者，常常杜撰国名，或印上与某一个国家相似的假名。熟知邮票上各国和地区的铭记，可以炼就一双火眼金睛，对于假邮票上臆造的国名，一眼即可识破。如：BERN-ERA ISLAND SCOTLAND、SAN DA ISLAND、STATE OF OMAN、KINGDOM OF YEMEN、MANAMA 等。

▶ 二、邮票面值

·邮票面值指印在邮票票面上的邮资金额及货币单位。世界各国大多以表示邮票面值的阿拉伯数字和本国货币单位组成邮票面值。邮票用于销售，票面上印上面值是理所当然的事情。世界上绝大多数邮票也的确如此。

但是也有无面值的特例，特别是在早中期邮票中屡见不鲜。这与当时邮政资费的不稳定或资费的单一性有关。我国解放区就有"平"、"机"、"快"和"稿"字无面值邮票。二战以后，无面值邮票基本绝迹。

但是美国邮政 1975 年 10 月 14 日发行了两枚无面值邮票，图案分别是《圣母与圣婴》和《小天使撞钟》。因为当时邮政总局提出将国内邮资从 10 美分提到 13 美分，国会即将批准，而临近圣诞节，怕到时候赶印邮票来不及，于是票面上没有印面值，销售时，因为国会已经批准了法案，所以邮票按 13 美分售出。

同样的原因，美国 1978～1991 年，相继发行了 8 种没有面值而印有 A～H 字母的邮票。其中 A～D 选用的邮票图案是白头海雕；E 选用的邮票图案是地球，正是英文单词"Earth"的字头；F 选用的邮票图案是一朵含苞欲放的红玫瑰，恰好与英文单词"Flower"花的字头相对应，巧妙的构思受到人们

的好评。根据统计,从 1975 年到 1994 年底,有 14 个国家和地区发行了无面值邮票,主要发生在国家转换货币时期或通货膨胀严重时期。

购买邮票要注意看面值,特别是买外国邮票时。一般高值邮票收集难度大,标价较高,要注意辨别。如中国邮票有"100 分"和"1 圆"之分,单位有"分"和"圆"的不同,外国邮票也是如此,不应只看数字,还要看面值单位,有些人卖外国邮票,欺负你不了解整套的枚数,抽掉高值邮票,仍然高价售出。买外国邮票,还要知道各国货币名称和汇率换算知识,就可以估算整套邮票合人民币的价格,心中有数才能避免花"冤大头钱"。

三、齿孔

为了便于撕开邮票,在整版邮票的各枚邮票之间用打孔机打出空洞,邮票撕开后,邮票凸出的部分称为"齿",凹进的部分称为"孔",合称齿孔。

世界上首枚邮票——黑便士是没有齿孔的,称为"无齿票",出售时必须使用剪子剪开,很不方便。直到 1854 年 1 月 28 日英国发行"红便士"邮票时,才首次出现打齿孔的邮票。

据说在邮票上打齿孔的想法是受一名记者的启发。当时这名记者在一家邮局寄发稿件,找不到剪刀,他灵机一动,用一枚大头针在邮票周围扎上小洞而方便地把邮票撕开。这件事启发了一名爱尔兰的铁路职员亨利·亚策尔。经英国邮票、税票总监同意后,他从 1847 年开始试制打孔机,经过 7 年的努力终获得成功。可以说,给邮票打上齿孔,是邮票发展史上的又一次变革。

测量齿孔是研究邮票的一项重要内容。齿孔差异是鉴别邮票真伪、区分邮票版别和印次、考证邮票发行年代的重要依据。

1. 齿孔度

齿孔度简称齿度,是表示邮票齿孔疏密的量度,以度为单位。它是以 20mm 长度内有多少齿和孔的数量来表示的。1 个齿和 1 个孔合称为 1 度,单个齿或单个孔称为 1/2 度,齿孔度数以 P 标明。如在 20mm 长度内有 12

个齿和 12 个孔,则齿孔度为 12 度,即 P12。在 20mm 长度内有 12 个齿和 11 个孔,或有 11 个齿和 12 个孔,则齿孔度为 $11\frac{1}{2}$ 度,即 P$11\frac{1}{2}$。

齿孔度分为单式齿孔度和复式齿孔度两种。

单式齿孔度是指邮票四边的齿孔度均相同。此种齿孔度最常见,因此又称为常式齿孔。

复式齿孔度是指邮票上下两边(横边)与左右两边(直边)齿孔度不同。表示方法:横×直。如:P11×12。

有的邮票四边的齿孔度均不相同。其表示方法为:上×右×下×左,按顺时针方向标出。

正三角形邮票,齿孔度按"左——右——底"的顺序标出。倒三角形邮票,齿孔度按"左——顶——右"的顺序标出。

我国的邮票,在北京邮票厂建成以后,齿孔度大多数为 $11\frac{1}{2}$ 度。

2. 齿孔的测量方法

简单测量,用一把直尺就可以。若为精确测量就必须使用专用工具——量齿尺。量齿尺有模拟式和射线式两种。一般用厚卡纸、金属片或透明材料制成。量齿尺是法国集邮家勒格兰博士发明的。

模拟式量齿尺,上面印有一系列 20mm 宽的模拟票边或圆点行列,上面注有齿孔度数字作为标尺。量程为 7～16 度。使用时,将邮票的齿孔与各行标尺比较,吻合时即可知齿孔度数。

射线式量齿尺,在垂直方向印有一系列放射状直线,在水平方向印有一系列平行线,并注有 20mm 内与射线交点的个数作为标尺,量程为 7～16 度。使用时,只需找到邮票的齿孔间距与射线间距相同的位置,即可测定齿孔度数。

3. 齿孔的种类

根据邮票齿孔的形态,主要可以分为如下几类。

(1)光齿:齿孔中的圆形纸屑完全脱落,孔洞边缘光洁。

(2)点线齿:又称虚线齿。不是打圆孔,仅把邮票之间间断切开,呈点线状。这种齿孔在早期邮票中多见。

为了邮票的防伪,近些年出现了椭圆形、文字组合形、五角星形、十字形等异形齿孔。世界上最早的异形齿孔邮票是昆士兰1867年发行的方孔邮票。从1998年我国发行的《何香凝国画作品》邮票采用椭圆形齿孔以来,已经发行了多种不同类型的异形齿孔邮票。

现实中,由于种种原因,还造成了一些有缺陷的齿孔,如:

(1)毛齿:邮票纸仅有部分被穿透;齿孔中的纸屑未完全脱落,孔洞边缘不光洁,分撕后齿缘常起毛,呈毛茸状。一般由于齿针旧钝或纸质柔韧造成。

(2)盲齿:邮票打孔后只有印痕,齿孔中的纸屑没有脱落。因齿针短钝或打孔压力不够所造成。

(3)漏齿:漏打的齿孔状态。打孔时由于加工失误或机械故障所造成。

全张漏打,称全张漏齿;中缝漏打,称中缝漏齿;票边漏齿,上漏称高头,下漏称长尾。

漏齿票属齿孔变体,必须在两枚以上邮票相连在一起时才可确认,因此漏齿票不能分撕成单枚票。

我国1959年之前,没有专门的邮票印刷厂,齿孔度不统一。1959年建成了北京邮票厂,新中国邮票出现了崭新的面貌,齿孔都是一次打成,孔径有了固定规格,极少见到毛边齿孔了。

4.打孔方式

有手工打孔和机械打孔两种方式。

机械打孔根据所使用的打孔器,又可分为以下多种方式:

(1)线式打孔:齿针排列成直线状,长度常贯穿整张邮票。每打一次只能完成一行齿孔,必须先后在横、直方向逐行打孔。线式打孔邮票角上的交叉孔吻合的极少。

(2)梳式打孔:齿针排列形如梳子,在一个方向上逐排打孔。此种打孔器长度相当于整张邮票,宽度为一单枚邮票,打孔时,逐行推进,不需要掉转方向即可打整张邮票的齿孔。

(3)整式打孔:整式打孔又称棋盘式、方格式、全张式打孔。齿针排列成方格状,一次即可打完整张邮票的齿孔。并且齿孔度准确,邮票角上的齿孔完整规范。现代邮票基本上都是采用这种打孔方式。

我国发行的生肖小本票,邮票上下无齿,有些不法之徒采用手工打齿,冒充有齿邮票销售,因为当时有齿邮票的价格高于从小本票上撕下来的邮票。大家购买时要用真票进行比较,或仔细辨别上下与左右的齿孔之间是否有差异,避免上当。

▶四、邮票的形状

常见的邮票形状是竖式或横式长方形,其他形状的邮票称为异形邮票。异形邮票打破了以往长期一贯制的沉默,造型优美独特,新颖别致,在方寸世界中受到许多人的青睐。

1852年德国首先发行了正方形邮票。1853年9月1日,英属好望角发行了世界首套2枚三角形邮票,票面内容为希望女神坐像。当初的目的不是为了标新立异,而是为了邮局工作人员便于识别邮件资费。1916年奥地利发行了世界首枚倒三角形邮票。1852年罗马国(梵蒂冈前身)发行了首枚椭圆形邮票。1851年9月1日,加拿大新斯科舍省发行了世界上第一套菱形邮票,全套3枚。1846年美国弗吉尼亚州亚历山大里亚市邮政局发行的临时邮票采用圆形图案,是世界上首枚圆形邮票。1898年4月21日,奥斯曼帝国发行了世界上第一套八边形邮票,全套5枚。1968年10月3日,马耳他发行了世界上第一套不规则的五边形邮票,全套3枚。

1964年2月10日,塞拉利昂为纪念在美国纽约举办的国际博览会而发行了14枚本国地图形邮票,打破了邮票印刷的常规,出现了真正意义上的不规则形状的异形邮票。1965年12月7日发行了两枚钻石形邮票,以后又陆续发行了宝石形、棕榈仁形、咖啡果形、可可豆形、雄鹰形、盾牌形……许多种类的异形邮票。

汤加 1963 年发行了本国硬币形异形邮票,接着又发行了一系列的异形邮票,如鸡心形、勋章形、奥运五环形等等,五花八门。

世界上以汤加和塞拉利昂发行异形邮票最为著名,邮票是一枚一枚冲压印制而成,邮票背胶特殊,黏度很高。

▶ 五、邮票的材质

1. 纸质邮票

世界上绝大多数邮票都是纸质的。邮票用纸属于特殊用纸,要求纸面平滑度适中,吸墨性强,便于撕开,防止伪造,尤其影写版邮票用纸要求更高,表面需要涂有粉料。邮票的纸质是区分邮票的版别、印刷时间、印次和鉴别邮票真伪的依据。

但有时受到条件的限制,用纸就不能太标准,如当年的解放区,在艰苦的环境中,偶尔还使用过用旧电报纸进行废物利用印制的邮票,如著名的“稿”字邮票就是如此。

“稿”字邮票是因在邮票中心图案上加盖了一个黑色“稿”字而得名,该邮票专供淮南区《新路东》报社记者、通讯员邮寄稿件时贴用,1942 年淮南交通总站发行。“稿”字邮票全套 1 枚,无面值,是利用交通总站同年发行的面值 20 分浅绿色《五角星图》邮票的子模,印制在接受电文的电报纸反面而成,印制时刷色改为红色,并在上面加盖了一个黑色 2 号宋体“稿”字。五角星内有阴文面值数字“20”字样,五角星上方为拉丁文拼音文字“HUAIN-AN”(淮南)。图幅为 18mm×18mm,无齿孔,石版印刷。因是专用,是用于表示邮资总付的邮票,当时印量极少,存世量不到 20 枚,其中“稿”字四方连票,存世仅 1 件,由著名集邮家沈曾华先生珍藏。这是他 1943 年在淮南调动工作时,战友周世民知道他集邮,特地把当年自己当通讯员时,寄稿专用的“稿”字四方连送给他留做纪念的。如今这件“稿”字四方连,被集邮家们誉为中国解放区邮票中的“红印花”邮票,已被列入世界珍邮之列。

青少年课外文体娱乐指南

2. 特殊材质的邮票

除了纸质邮票,还有一些特殊材质的邮票。

(1)铝箔

1955年10月5日,匈牙利邮政为庆祝在布达佩斯召开的国际轻金属工业代表大会和匈牙利铝工业建立20周年,用厚度为0.009mm的铝箔印制了纪念邮票。邮票图案是一架飞机在铝厂上空飞行,象征飞机的主要材料是铝。这是世界上首枚特殊材质的邮票。

(2)棉布

1958年8月匈牙利发行了世界首枚印在棉布上的邮票小型张,上面印有4枚三角形的花卉邮票。

(3)丝绸

1958年12月12日波兰发行了世界首枚丝绸邮票,主图为奔驰在原野上的驿车。

(4)尼龙

1963年3月12日,民主德国发行了世界首枚尼龙邮票。

(5)金箔

1963年7月15日,汤加发行了世界首枚金箔邮票。1965年10月4日,加蓬为悼念神学家和音乐家斯威策博士逝世,也发行了一枚金箔邮票,面值1000法郎(中非金融合作法郎),图案为加蓬地图和博士肖像。

(6)银箔

1965年原乌姆盖万发行了世界首枚银箔邮票。

(7)钢箔

1969年6月2日,不丹发行了世界首套12枚钢箔邮票,主图描绘了人类炼钢史。

(8)铜箔

以盛产铜著称的智利,1972年发行了世界首枚铜箔邮票。

(9)木材

加蓬盛产木材,1982年发行了世界首枚白木材小型张,主图为木材种植与运输。

(10)塑料

不丹是发行塑料邮票最早的国家,也是发行特殊材质邮票最多的国家。

现今,发行特殊材质邮票的国家越来越多。我国于 1997 年 7 月 1 日为庆祝香港回归,发行了首枚金箔邮票小型张,面值 50 元。1988 年奥地利印制的世界首套全息图邮票问世,是利用激光在薄平的银色镜面上造成立体影像印制而成,邮票绚丽多彩,立体感强,受到欢迎。尽管这些非纸邮票给人以耳目一新的感觉,但是大部分在邮政上使用不了,只是供集邮爱好者收藏用,失去了邮政的本来功能,也遭到一些人的抵制。

▶六、邮票水印

像纸币和有价证券一样,印刷邮票也有采用特制水印纸的,目的都是为了防伪。水印(Watermarked)是制作在纸张上的有形五色的标记。

在造纸过程中,当纸浆处于半流质状态时,将简单的图案或文字,轧压在纸中,干燥后就形成了水印纸。

水印在鉴别邮票的发行时间、版别方面起重要作用。

我国发行的第一套带水印的邮票是 1885 年的小龙邮票,全套 3 枚,采用一票一水印的方式,使用"太极图"水印,这种水印邮票又称"单水印邮票"。中华邮政时期的首套水印邮票是 1939 年香港中华 3 版孙中山像邮票,全套 5 枚,水印是采用连续的篆文"邮"字。新中国发行的普东 2 版天安门图邮票,全套 13 枚,前 10 枚采用了连续的"M"状波纹图水印,这种水印又称"复水印邮票"。有的水印在邮票背面即可看到,有的需要迎光对照,有的需要借助于"验水印器"才能显现清楚。

水印图案在世界上可谓千姿百态,多种多样。最古老的水印图案是皇冠,曾先后出现在英国、英联邦和英殖民地国家的邮票上,黑便士邮票就是采用了皇冠水印。后来丹麦、瑞典、冰岛、圣马力诺等国也出现过皇冠水印,埃及的金字塔星图水印、伊斯兰国家的星月图水印、一些国家的国徽水印、

青少年课外文体娱乐指南

伊朗的狮子水印、印度的大象头水印、澳大利亚的天鹅水印等都体现了民族特色。罗马尼亚采用"RPR"、前民主德国采用"DDR"国名缩写的水印；尼日利亚采用英文国名的全称"NIGERIA"作为水印图案；匈牙利和意大利分别采用大五角星和小五角星水印。

七、票背与背胶

票背指邮票的背面,邮票的背面上涂刷了胶层,称为背胶(Gum)。

绝大多数邮票的背面没有文字。有的国家印制的个别邮票为了充分发挥票背的作用,加印了数字或文字,如西班牙1875年发行的邮票背面印有反写的数字位置编号；美国某些盘卷邮票的票背上,每隔5枚印上一个顺序数字,便于计数。有的邮票背面加印广告,如新西兰就发行过。

背胶的作用是为了粘信。目前世界上发行的邮票基本上都有背胶,而早期邮票有的没有背胶。

早期邮票背胶一般呈黄色,多为糊精胶,这种胶容易受潮粘连,给保存新邮票增加了困难。有无原胶是衡量邮票品相好坏的重要指标,所以要注意防潮保护,如将其套在塑料护邮袋中进行密封保存。

目前邮票背胶都是采用PVA合成化学胶,胶质浅白淡薄,抗潮性强,对人体无伤害。

在背胶中掺有香料,会使邮票产生"香味"。1955年联邦德国首先发行了薄荷香味的邮票。2002年11月8日我国首次发行了带百合花香味的《鲜花》个性化服务专用邮票,是采用带香味的油墨印刷而成,香味油墨无颜色,印在邮票的表面。

鉴别背胶有助于研究邮票的版别和真伪。

第三节 邮票专业用语

一、表示邮票大小的术语

人们常用图幅与票幅表示邮票尺寸的大小。

1. 图幅

图幅是指单枚邮票票面图案的大小。对没有边框的图案可按某一印刷色上下左右的明显外端来量,但不包括底边的志号。对没有边框和明显外端的套色邮票则常不易准确量出图幅。

对于矩形邮票,以图案的宽×高表示,单位为"mm"。

如:21×29,表示图案的宽是 21mm,高是 29mm。

对于三角形邮票,以图案的 1 个腰和底边长度表示,中间不用"×"号。如新中国发行的纪 10《保卫世界和平》邮票的图幅是 38.5mm 和 51.5mm。

2. 票幅

票幅是指单枚邮票的大小,以一侧齿边到另一侧齿边的长度来计量。票幅的表示方法与图幅的表示方法相同。图幅和票幅是研究邮票版别的依据之一。一种邮票有两版,有时用票幅不同来区别。一般票幅总是大于图幅。

对于无齿邮票,邮票规格以图幅的数值表示。对于有齿邮票,邮票规格以票幅的数值表示。

图幅和票幅是研究邮票版别的依据之一。邮票的不同版别有时用票幅的不同加以区别。

现在世界上票幅最大的邮票是马绍尔群岛在 1979 年 10 月 30 日发行的,票幅尺寸为 160mm×110mm,面积为 17600mm²。

票幅最小的邮票是 1863 年南美洲哥伦比亚的玻利瓦尔省发行的,票幅尺寸为 8mm×9.5mm,面积为 76mm²。由国家正式发行的票幅最小的邮票是英国 1870 年的半便士邮票,票幅尺寸为 14mm × 17.5mm,面积为 245mm²。

二、有关邮票数量的称谓

1. 枚

"枚"是邮票数量的最小单位,指邮票个体。所以应该说:"我送你一枚邮票",不要说:"我送你一张邮票"。

2. 套

"套"(Set)是邮票的计量单位,邮票是以套为单位的,每套可能由 1 枚或多枚邮票组成。

3. 连

两枚或两枚以上相连的邮票称为连票(Strip)。一般指整版邮票被撕开两枚以上连在一起的组合形式。

横双连是指邮票左右相连;直双连是指邮票上下相连;四方连又称方连(Block),指 4 枚邮票呈"田"字形相连。还可分为八方连、对倒连等。

4. 连印票

异图连票又称连印票(Se—Tenant),指两枚或两枚以上相连的邮票,其图案、颜色、面值等各不相同,各枚邮票间用齿孔分开。连印票有横连印、竖连印和四方连印三种形式。

连印票分为连续图案和单枚独立图案两类。

(1)连续图案型连印票

连续图案的异图连印票,图案内容彼此相关,邮票连在一起,相互间构成连续性的动作、连续性的画面或连续性的故事情节,构成一个完整画面,故事性强,布局合理巧妙,十分漂亮。如中国邮票中 T59《寓言——刻舟求

青少年课外文体娱乐指南

剑》、T51《童话——"咕咚"》、《小鲤鱼跳龙门》等都是"形连神更连",犹如连环画,展开了连续的故事情节,妙趣横生;T34《水乡新貌》,1994—13T《武夷山》连续图案的连印票表达风光,则像一幅连绵不断的画卷,有独到的艺术表现形势。而T4《广播体操》邮票,每四枚相连,表现了一节体操的4个分解动作,有动感;T25《化学纤维》邮票,把5种连续生产的工艺印成横5连,则像一道生产流水线,表明了化学纤维的生产过程,构思绝妙。

连印票表达绘画,解决票面太小的矛盾,可以横向展开画卷,再现原画的风貌,如T58《韩熙载夜宴图》比T89《簪花仕女图》达到更高的艺术效果。

连印票表达建筑物,要有整体美感,表达出其雄伟的气势,如1996—3T《沈阳故宫》比J120《故宫博物院建院六十周年》分割成互不相干的四部分建筑群效果好得多。《武夷山》异图连票(中国1994年发行),展现了连绵不断的风光山水,每枚邮票单独撕下来,成为独立画面。

(2)单枚独立图案型连印票

有的连印票图案各自独立,互不相关,表现各自的内容。似乎不连亦可。

连印票可以撕开单独使用,但是作为收藏品不宜撕开和折叠。

5. 对倒票

对倒票指两枚相连的邮票,其邮票图案和文字呈一正一倒的颠倒排列,是连票的一种特殊格式。对倒票的产生,最初是人为造成的差错,排版时误将子模倒置形成。现在每年世界上都发行许多特意印制的形形色色的对倒票,以满足集邮者的需求。

世界上第一套对倒票是法国1849年发行的错体票,图案是谷物女神——色列斯头像,如今成了名贵的世界珍邮之一。

新中国发行的邮票采用对倒票的有纪10《保卫世界和平》三角形邮票,T7《武术》邮票和2000年发行的三角形《中国神州飞船首飞成功纪念》邮票。

6. 张

"张"(Sheet)也是邮票的计量单位。在印制邮票时,不是一枚一枚地印,而是几枚、十几枚、几十枚,甚至上百枚的邮票印在一张纸上,这种单位称为

"张"。有全张、小型张、小全张、小版张等之分。

7. 版

指全张邮票。交由邮局出售的整张邮票,又称整版票。一版所含单枚邮票的数量不同,有 20 枚、25 枚、40 枚、50 枚、100 枚、120 枚等等。

(1)版铭

版铭(Imprint Inscription)是指印在邮票边纸上的标记,也称边铭。版铭广义兼指版号、印刷日期、发行日期、设计者、色标、对准线等;狭义特指厂铭。可借助于票边上的标记掌握研究资料,判别版次。

凭借版号可以推断邮票在全国的流向,凭借版号的数字位数可以判断邮票的发行数量,特别是对于外国邮票,这个信息很重要。

边纸图案、文字是专题邮集的有效信息。

(2)厂铭

厂铭(Ptinting House Inscription)专指票边上所印的承印厂厂名或邮票发行单位名称。如"北京邮票厂"、"东北邮电管理总局"(发行)等。厂铭字数的多少、字体、字型的差别,有助于研究邮票的印刷时期、版别、印次等。集邮爱好者常常把厂铭称为版铭。一般,整版邮票中只有几个部位印上厂铭,收集难度相对较大,如果全年发行的邮票,都收集带厂铭的也不容易。

(3)色标

印在整版邮票边纸上以显示邮票印刷中所用颜色的标志,一般为圆点状或线条状。日本首先在 1975 年 10 月 6 日发行的国际通信周邮票上使用了色标。

(4)带边票

带边票即带有边纸的邮票。票边是研究邮票版别、印次的重要依据。边纸上的图案可以作为专题集邮的有用信息,邮票的空白边纸可以请名人签名留念,可以记载你关心的内容,如购买时的价格、时间、日期等。珍贵邮票在售出时,有无边纸,价格相差许多。

▶ 三、小全张、小型张、小版张和小本票

小全张、小型张、小版张和小本票,集邮人常称为"四小",是集邮爱好者追逐的热门品种,尤其是前三种,基本上是专门为集邮特意发行的。

1. 小全张

小全张(Miniature Sheet)是指全套邮票印在一张小型纸上的邮票。上面的每一枚邮票与同时发行的邮票在图案、面值、颜色上等完全相同。一般在小全张的边纸上饰以相关图案、花纹或说明,邮局出售时,有的按面值出售,有的高于面值,其加价部分不能充作邮资。其上布置有同时发行的全部邮票,是小全张最主要的特点。

世界上第一枚小全张邮票是德国 1930 年 9 月 12 日发行的"国际邮展纪念附捐邮票",全套 4 枚,图案为德国著名建筑,小全张票幅尺寸为105mm×150mm。

我国的第一枚小全张邮票是"中华邮政"1941 年发行的《节约建国》小全张。

解放区第一枚小全张邮票是 1947 年东北邮电总局发行的,纪念五卅运动 22 周年的《五卅二周年纪念》。票幅尺寸为 217mm×161mm,票幅之大,至今仍居我国小全张和小型张之首。

小全张的售价有许多是高于面值的,加价幅度在 50% 以下者居多。如1933 年奥地利为纪念维也纳国际邮展,发行了一枚面值为 2 先令的小全张,售价 4 先令,其中包括门票 1.6 先令。

新中国发行了许多精美的小全张,其售价都是加价出售,如纪 86M《第26 届世界乒乓球锦标赛》,面值 0.6 元,售价 2 元;纪 50M《关汉卿戏剧创作700 年》,面值 0.32 元,售价 0.4 元;T121M《中国历代名楼》,面值 1.16 元,售价 1.5 元;1994—21M《中国古塔》,面值 2.9 元,售价 5 元;1995—7M《第43 届世界乒乓球锦标赛》,面值 0.7 元,售价 7 元。

2. 小型张

小型张(Souvenir Sheet)是指在一枚小面积全张上仅印有单枚邮票,邮票图幅较大,面值仅一种。有了小型张一般不再另有与此单枚邮票同图案的大全张的邮票,小型张的周边印有图案或文字。"单枚成张"是小型张的特点。

世界上第一枚小型张邮票是卢森堡于1923年1月3日为纪念伊丽莎白公主诞生而发行的,面值10法郎,深绿色,主图为卢森堡风景。此后小型张如雨后春笋,许多国家竞相发行,大有泛滥之势,为此吉本斯公司曾一度宣布在他们的邮票目录中不再列出小型张。

小全张和小型张邮票都是邮政部门特地为满足集邮爱好者的需求而发行的。国外一般把两者统称为小型张。目前世界各国每年都发行大量的小型张,既满足集邮的需要,又可以大大地增加邮政的财政收入。

中国是发行小全张和小型张邮票较晚的国家。

新中国发行的第一枚小型张邮票是1956年纪33M《中国古代科学家(第一组)》,全套4枚,面值均8分,是中国一套枚数最多的小型张,也是单枚面值最低的小型张。

3. 小版张

小版张(Small Sheet)是相对于大版张而言,是在已有的大版张以外,另印比大版张枚数少的全张邮票,它是尺寸、规格比较小的全张邮票,所以小版张又称小开张,其邮票的面值、票幅、刷色均与全张邮票的相同。

有的在一枚小面积全张邮票上印有几枚或几套相同或不相同的邮票。如我国发行的《北京第11届亚运会》邮票小版张是属于三套不同的邮票连印在一起的小版张,比较少见。而J59《中美邮票展览》,全套2枚,两个大版张,每个大版张50枚邮票;小版张则印了12枚邮票,小版张也是两版。还有的是在一枚小面积全张邮票上印有一套邮票的小版张。这种形式比较常见。在我国,先期的小版张一般售价都高于面值,如《北京第11届亚运会》邮票小版张,面值4.36元,售价为7元。

4. 小本票

小本票(Stamp Booklet)是将一种或各种面值的数枚邮票连印在一起,配上封皮装订成册的邮品。目的是为了便于人们购买、携带和使用,同时封皮还可以保护里面的邮票,免受污损。小本票成为邮票的主要发行形式之一。由于受欢迎,许多国家每年都发行大量的小本票,至今世界上已有130多个国家和地区发行小本票。瑞典是发行小本票最多的国家,如今发行量已达近300种。

随着专题集邮的兴起,小本票封面上丰富多彩的图文、内部的边饰、过桥等内容都可以作为有效的专题素材被广泛地应用在邮集中,所以小本票引起了集邮人极大的收集热情,也促进了各国发行的小本票的质量不断提高。

小本票里面的邮票与同时发行的邮票在图案、面值等方面完全相同。小本票常单独制版印刷,也有的用原票装订而成。单独制版印刷的小本票,有的把邮票制成小全张或带有过桥票、副票,装订后裁切成册,所以常造成一边或两边无齿。用原票装订的小本票优点是节约成本。小本票内的邮票数量最少的有1枚,最多的有50多枚,最常见到的是10枚左右。小本票一般按本内邮票的面值出售,有的国家,如英国为了鼓励使用小本票,而略降低总面值销售,也有略高于面值销售的。我国除了《许仙与白娘子》小本票外,都是按本内邮票的面值出售的。为了减少购买者的经济负担,有的国家在小本票的封面或封底加印广告,以降低成本。

小本票封面上的图案有丰富的专题信息,以瑞典发行的为例,有儿童游戏、鸟、史前动物、红十字、作曲家、采矿、舞蹈、银行、海盗、钱币等上百种图案。

德国和日本等还发行了一种不干胶邮票的小本票,十分引人喜爱,同时更加方便了使用者。

1891年,瑞典使用当年发行的《国王奥斯卡二世头像》普票中的5欧尔面值邮票,发行了世界最早的小本票。1895年,卢森堡也发行了小本票。美国于1898年、英国于1904年相继发行了小本票,美国和英国的小本票喜欢选用普通邮票。法国只选用每年发行的红十字系列邮票制作小本票,瑞典的小本票不论使用普票还是使用纪念邮票,都是采用卷筒邮票制作。

中国在 1917 年 10 月 10 日首次发行了小本票,用北京一版帆船票制作了封面刷色不同的两种小本票,一种为黄色,另一种为绿色。封面图案为牡丹花,册内含 1 分邮票 28 枚,4 分邮票 24 枚。

新中国自 1980 年 6 月 1 日起开始发行小本票,第一本小本票是 T51《童话——"咕咚"》,采用将原票分撕后装订成册的方式,编号为 SB(1),发行量为 10 万册,用打号机在封皮上手工打印蓝色宋体编号。以后发行的小本票都是采用单独制版,呈多样化。生肖小本票曾印过 11 种,邮票的上下边无齿孔,每本生肖小本票中都设计有 1 枚独具特色的过桥票或附票。《紫貂》小本票还有一枚单独设计的小全张,《秦始皇兵马俑》小本票中还有一枚小型张和一枚小版张,别具一格。

▶ 四、邮票的鉴定

1. 邮票的品相鉴定

邮票的品相是指邮票的外观质量,包括邮票正面、反面、齿孔、背胶、图案和纸张等各个方面的状况。其中上品票称为全品,稍次的为中品,不好的为次品。

一般初级集邮者急于寻求自己所缺的邮品,易忽视邮票的品相。有经验的集邮者在购买、交换邮票时往往非常挑剔,十分注意邮票的品相。观察邮票品相,应注意以下几个方面:

(1)看整体有无缺陷

票面和票背有无手印、汗渍、脏迹;有无折痕,软折痕可以设法压平,属于中品,硬折痕为次品;有无缺角和撕口,在撕邮票时,用力过猛,易把邮票边缘撕破,成为次品。是否是洗胶票,背胶是否完整,尤其南方多雨,容易使邮票受潮粘连,有人就索性洗去背胶再把邮票压平出售。

购买信销票时要注意有无揭薄现象,邮票在与邮件分离时,由于采用的方法不当,易使邮票背纸变薄;要看表面有无擦伤,特别是近些年发行的企业金卡邮资明信片油墨附着不好,在邮递过程中,票面很容易被磨损和划伤,有揭薄者和擦伤者都为次品。

邮票长时间受日光灯、阳光照射,发生颜色减退或变色,购买时也要注意。邮票不宜长期压在玻璃板下或在镜框中保存。

看邮票是否有霉点。邮票受潮或背胶变质会引起发霉,特别是用出过汗的手接触过的邮票,时间长了,也容易变黄,形成褐色或黑色斑点。购买邮票时要使用专用的镊子。

(2)再仔细查看细节

要检查邮票有无短齿、断齿和平齿现象,在撕邮票时,用力不当,易引起若干齿的长度偏短,称为短齿。短齿短到齿根称为断齿。短齿现象极易被忽略。剪票不慎易造成平齿,因为票边没有齿孔,不易撕扯,有人喜欢用剪刀剪断票边,一不小心就会造成前面邮票的平齿,这些都属于下品。

要看邮票是否经过了人工修补,特别是在购买较珍贵的邮票时,尤应注意这一点。

要检查邮票的背胶是否是原胶,有些人从信封上洗下邮票,再进行人工二次刷胶,要仔细分辨。有时,查看邮票要借助放大镜的帮助。

(3)去掉邮票上瑕疵的方法

有许多小窍门可以去掉邮票上的瑕疵,使某些品相不好的邮票重见天日,下面介绍几种。

去掉黄斑:将一小匙精盐放在热牛奶中化开,牛奶放凉后把带有黄斑的邮票泡在里面,过两小时左右取出,用软布轻擦,再用清水冲净,阴干。

去掉油迹:将带有油迹的邮票泡在汽油里面,约 5～10 分钟取出,放在干净纸上,待汽油挥发,油迹消失。

去掉墨迹:将带有墨迹的邮票泡在混合液里面(混合液的配制是丙酮:2％的稀释草酸＝35：1),约 3～4 个小时后取出,半干后夹在书中。

2. 邮票真伪的鉴定

和市场商品一样,产品一旦畅销,便会有伪造、假冒。几乎可以肯定地说,每一枚珍邮后都有赝品存在。

莱布尼茨说过:"世界上绝对没有两片相同的树叶。"仿制的邮票无论怎样与真品相似,总会留有这样或那样的纰漏。在现代科学技术已获得相当发展的今天,人们完全可以凭借科技的手段鉴别真伪。

造假技术不用引进,国内精于此道者大有人在。因此,我们要在日常集邮中多加鉴别,学习鉴别知识,以防上当。

(1)赝品的分类

①全伪

就是将本无价值的物品进行加工,伪制成高档邮票品,以牟取暴利。如上世纪 80 年代初,几名不法分子将从画报上剪下的"稿"字四方连,几经处理,竟瞒天过海骗过了一位资深集邮家的眼睛,换走了集邮家 24000 元的邮票和钱款。还有一些地区大肆印制 T46 猴票纪念张,又不遵守邮电部的规定,将右下角面值处的斜划线宽度减少在 0.3mm 以下,给不法分子以可乘之机。他们将斜划线除掉,充当 T46 出卖,假"猴王"凌空出世。还有一种全伪票,就是被人们称为"花纸头"的卡通画片。看上去齿孔、面值、邮戳、背胶齐全,但大都是子虚乌有的国名。这类印刷精美的纸片多取材于童话、名画及动植物、体育等热门题材。"花纸头"的特征是:没有邮政实用价值,委托个人或企业代理发行,主题与发行国无关。

②半伪

是指在价格平平的邮票的基础上,进行细致加工,使其身价大增,陡然完成"布衣"到"贵族"的转变。

比如,1955 年前的"纪"、"特"邮票多有"再版"和"原版"之分。邮票市场上"李鬼"不如"李逵"。于是就有人将再版票乔装打扮成原版票,以图多请几个"孔方兄"。除伪造邮票外,其他诸如邮资封、邮资片实寄封之类也有大量赝品存在。

(2)赝品的鉴别

集邮爱好者起步伊始,往往急于丰富自己收藏,倾囊中所有,大量购进邮品,一些不法邮商乘隙而入,利用某些集邮者邮识贫乏、甄别能力较差的实际情况,兜售赝品,坑害集邮者。为避免上当受骗,集邮者必须提高识别能力。这包括对邮票的要素(纸、水印、齿孔、前胶、版式等)的了解和对邮票发行背景的熟知。如果是极贵重的邮票,还可请教集邮协会中的一些行家。下面是一些行之有效的鉴别方法,介绍给大家。

①有齿与无齿

生肖系列中的鸡票 T58《辛酉年》,有大量"半伪"品,即由小本票加工而成。小本票本身上、下边没有齿孔,后打的齿孔在邮票四角显示出明显的不规则形状。四枚邮票拼成方连,中心形成一个圆孔。

《麋鹿》邮票发行时,有有齿和无齿两种票型。由于无齿票发行量小,本身售价高,所以就有人用有齿票改造成无齿票。这种被称作"开刀鹿"的邮票,因为"手术"而使其票幅小于真票。真票为 30mm × 40mm,假票为 29mm ×39mm。

②有字与无字

《蔡伦公元前邮票》有在正票上植入"前"字而成的,《开口第》也有改为"闭口第"的。鉴别时,将票面稍稍倾斜,后加的字或笔划因油墨不同,光泽会有差异,层次也不一样。

③真封与假封

上世纪末,一些不法分子相互勾结,伪造了大量的 JF1 和 JF2。经公安部门追缴,在 6000 枚封中,仍有 1700 枚散失于社会。这类封的特点是:纸质差,邮资图套色不准,文字、线条模糊不清。

④真片与假片

假的终究是假的。赝品可能在一段时间内欺骗一部分人,但它绝不会永久地欺骗所有的人。"魔高一尺,道高一丈",再高明的伪造术,也会被明眼人识破。和真片相比,假片表现为纸质薄、轻,裁切不齐,色彩浓重,在反面有渗透油墨的痕迹。只要对这些细节加以注意、甄别,相信一定能够"去伪存真"。

五、附票与过桥票

1. 附票

附票(Tab)又称副票。其形似邮票,与邮票连印,无面值、无铭记,不是邮资凭证。附票从属于正票,作为收藏,最好不要把二者撕开。

1893年,比利时发行了世界上第一套带附票的邮票。附票上写着"星期日是奉献给天主的日子,邮差不来送信"。

大多数附票上印有与邮票主题有关的图案和文字。如我国发行的T51《童话——"咕咚"》邮票的附票上印有故事的说明文字。1958年苏联发行的《人造地球卫星》邮票的附票上写有:"遵照国际地球物理年的计划,苏联于1958年5月15日发射了第三颗人造地球卫星,质量为1327kg,高度为1880km"。

也有的附票与邮票主题无关,有的被用来提供某些特殊的服务,如广告等。

世界上以以色列发行的邮票附票最有名气。

附票所处的位置和票幅的大小均无统一规定,常常是八仙过海,各显其能,丰富多彩,引人入胜。

2. 过桥票

过桥票(Gutter)是附票设在两枚邮票之间或在一整张邮票格与格之间有较宽的空白,在此空白上面,有的印有相关图案或文字,但上面无铭记和面值,不能做邮资使用。1885年我国发行的小龙邮票,整张分左右两格,可以撕出5个带格边的过桥票。

目前过"桥"的形式多姿多彩,有"短桥"、"长桥"和"大桥"之分。

新中国发行的《第一届全国运动会》邮票,整版邮票的格与格之间有空白过桥;T127《环境保护》邮票的过桥上印有"保护环境造福人民"的文字;1981年发行的《中国乒乓球队荣获七项世界冠军纪念》邮票全张中绘有国旗和本届比赛的徽志的大型过桥。我国发行的生肖小本票上的过桥票设计得图案精美,很受大家喜欢。

六、新中国邮票上的编号

建国以后,我国发行的纪念邮票和特种邮票,在它们的左下角和右下角,按它的"出生年份"——发行时间排了辈,印上编号。这是新中国邮票的一个特点。例如:"鲁迅诞生八十周年"纪念邮票,左下角印着"纪91·1—1"几个小字。"纪"表示这套邮票属于纪念邮票;"91"表示它是纪念邮票中的第91套;"1"指这套邮票一枚一套;横杠后面的"1"表示它是这套邮票中第一枚。右下角印着"(296)1961"。这几个数字的意思是:(296)表示这枚邮票在纪念邮票中的总编号,即纪念邮票中的第296枚;"1961"是它的预定发行年份。特种邮票的编号方法与纪念邮票相同,只是"纪"字改为"特"字。

印有"纪"、"特"编号的邮票,从"纪1"开始到"纪124"为止。特种邮票由"特1"到"特75"为止。这说明1966年前发行了124套纪念邮票,75套特种邮票。

1966年"文革"开始后取消了编号,纪念邮票和特种邮票不分了。1970年采用连续编号方法,不区分纪念邮票和特种邮票,一律按发行顺序编号。邮票的左下角印着编号数码,右下角是发行年代。例如"亚非乒乓球友好邀请赛"邮票,左下角"(22)"表示这枚邮票是连续编号中的第22枚;右下角"1971"是预定发行年份。连续编号邮票从"(1)"开始,到"(95)"止,共95枚,21套。

1974年恢复了纪念邮票和特种邮票的编号方法。"纪"、"特"用汉语拼音的字头表示,"J"表示纪念邮票,"T"表示特种邮票,其他标注与之前的"纪"、"特"相同,只是顺序号又从1开始,如"J·1"是第一套,依此类推。

这种"排辈"的方法,不仅表明邮票的发行时间,而且还表明几枚一套。当我们收集到纪念邮票或特种邮票的时候,只要看一看邮票上的编号,就知道它的类别,再查对一下括号内的数字,要是没有间断,就说明收集齐了。这种编号方法,给集邮者带来很大方便,因而受到集邮爱好者的赞许。

在我国的各种邮票中,纪念邮票、特种邮票、小型张、小全张、小本票都有编号。在外国邮票中,大多数国家的邮票没有编号,有的在邮票下面印有发行年代,要想了解它几枚一套,就得翻阅邮票目录了。

第四节　邮票的种类

我们国家的邮票种类繁多,如何按邮票的种类进行分类收藏是集邮收藏当中经常会遇见的问题之一。一般来说,邮票的种类可按发行目的和用处、印刷特点、材质、形状等的不同,分为以下几大类:

1. 按发行目的和用途来划分:主要有普通邮票、纪念邮票、特种邮票、航空邮票、欠资邮票、附捐邮票、包裹邮票、快递邮票、军用邮票、挂号邮票、公事邮票、火箭邮政邮票、印刷品邮票、唱片邮票等。

2. 按使用区域来划分:主要有国内邮件邮票、国外邮件邮票、限地区使用邮票、多国通用邮票、战俘营邮票、占领邮票等。

3. 按发行形式来划分:主要有加盖邮票、改值邮票、对剖邮票、正式发行邮票、未发行邮票、临时邮票、暂代邮票等。

4. 按发行年代来划分:主要有古典邮票、早期邮票、中期邮票、现代邮票等。

5. 按发行机构来划分:主要有国家邮政邮票、地方邮政邮票、流亡邮政邮票、非官方邮票、半官方邮票、国际组织邮票等。

6. 按邮票的制作特点来划分:主要有小型张、小全张、小版张、小本票、盘卷邮票、电子邮票、发光邮票、不干胶邮票、有齿孔邮票、无齿孔邮票、有背胶邮票、无背胶邮票等。

7. 按制作材质来划分:主要有纸质邮票、丝绸邮票、塑料邮票、木材邮票、尼龙邮票、金箔邮票、银箔邮票、铝箔邮票、钢箔邮票等。

8. 按邮票印制版别来划分:主要有凸版邮票、凹版邮票、平版邮票、混合版邮票、誊写版邮票、压印邮票、原版邮票、再版邮票等。

9. 按邮票的形状来划分:主要有正方形邮票、长方形邮票、菱形邮票、梯形邮票、三角形邮票、椭圆形邮票、圆形邮票、多边形邮票、水果形邮票、钻石形邮票、地图形邮票等。

10. 按邮票已呈现的状态来划分:主要有崭新邮票、信销邮票、盖销邮票、洗胶邮票等。

▶ 一、普通邮票

普通邮票又称为通用邮票,是指长期出售且发行量巨大的邮票,一般用来寄平信、挂号信、印刷品、印刷品挂号等,是最基本的邮票票种。

普通邮票有以下几个特点:使用时间长,一般普票的流通都能持续好几年,发行量巨大,能够多次印刷,比如大龙邮票,分别在 1878、1882、1883 年印刷三次。票面价值都比较低,但是面值的种类很多,图案变化较小(只是颜色上的不同而已),相对于其他类型的邮票而言,普票比较注重实用,所以图案都比较单调,但是最近部分国家发行的普票在这方面有很大的改观。

老一辈集邮者都是通过普通邮票来研究邮票的版式,了解邮票的变体。因此,普通邮票是编组传统邮集和邮政史邮集的主要邮品,是版式研究的主要对象之一。

▶ 二、纪念邮票

纪念邮票是为纪念国内、国际的重大事件、知名人物以及其他值得庆祝、纪念或广为宣传的事物而发行的邮票。它在作为邮资凭证的同时又是很有意义的纪念品和宣传品。这种邮票票幅一般都比较大,图案和印刷都比较精美。邮票的印量不像普通邮票那么多,不能再版,出售时间也有一定限度。

世界上的第一套纪念邮票究竟是哪一套,目前尚有争议。有的人认为,

第一套纪念邮票应该是 1871 年秘鲁发行的"纪念南美第一条铁路——利马列卡亚俄铁路通车 20 周年"。该邮票的面值为 5 分,邮票图案上半部分是一台机车,下半部分是盾形徽,边纸上面印有乔里奥斯、利马和卡亚俄三个地名。有人认为第一套纪念性邮票是前英国殖民地新南威尔士 1888 年发行的"纪念英国在澳大利亚建立殖民地百周年"邮票。有人认为第一套纪念邮票是 1887 年德国地方邮局为纪念法兰克福市举行的射击锦标赛。还有人认为,第一套纪念邮票是 1893 年美国发行的哥伦布发现美洲大陆 400 周年邮票,邮票全套 16 枚,主图是描绘哥伦布一生的经历,并且全部采用藏于西班牙和意大利博物馆中的关于哥伦布发现新大陆的名画,面值从 1 美分到 5 美元。其中 1 美分蓝色邮票上印有"哥伦布发现新大陆"的字样。

我国第一套纪念邮票是清代 1894 年 11 月 19 日发行的《慈禧 60 寿辰》,即"万寿票"。这套"万寿票"共有 9 枚,虽然是由德国人费拉尔设计的,但是却充分体现了东方色彩和中国文化,在世界古典邮票中显得格外别致。其中朱红色的 1 分银,票名为《五蝠捧寿》,在中国因为"蝠"与"福"同音,寓意吉祥。邮票中把象征富贵的牡丹、象征皇权的龙、象征长寿的灵芝、象征祝寿的蟠桃、象征不朽的万年青、象征顺利的帆船,统统搬上了邮票的画面。其他邮票名称依次为:2 分银《云龙花卉》(绿色),3 分银《云龙蟠桃》(橘黄色),6 分银《云龙万年青》(棕色),9 分银《双龙捧寿》(深绿色),1 钱 2 分银《双龙牡丹》(棕黄色),2 钱 4 分银《帆船风顺》(洋红色)。

1897 年因为邮资由银两改为洋银,在再版的"万寿票"上加盖新面值"暂作洋银"字样,其墨色柔和均匀,背胶白而薄,刷色与初版相比,略有差异,另有 2 分银和 3 分银的改版票。少量未加盖的原票流出,成为珍品。

▶ **三、特种邮票**

特种邮票又称宣传邮票,是为宣传和展现某一种特定题材而印制发行的。特种邮票在许多国家有特殊用途或特殊作用。我国的特种邮票是指纪念邮票和普通邮票以外的以特定选题为图案的邮票。它的范围很广,包括自然、历史、文化、艺术、社会、政治等方面。从 1951 年 10 月 1 日,我国发行第一套特种邮票《国徽》到 1998 年底,共发行特种邮票 146 套。同纪念邮票一样,特种邮票也在左下角印有志号,1966 年前,我国共发行特种邮票 75 套,志号都以"特"字开头(另有无齿票 3 套),从 1974 年起,特种邮票以汉语拼音字母"T"作为志号。

▶ 四、电子邮票

电子邮票亦可称作自动化邮票或邮资机印邮票,它脱胎于邮资标签,是用户自己操纵自动售票机,根据不同的需要而打印出不同面值的邮票。之所以称其为"邮票",是因为它具备了构成邮票的三个要素——铭记、面值,以及预付邮资的功能。

电子邮票的诞生和使用是现代邮政发展的必然结果。电子邮票与一般邮票有相同的功能,都是邮资预付的凭证。它与一般邮票的区别在于其面值是根据用户所投硬币的数量打印。早期的电子邮票是将图案、铭记和面值同时打印在专用白纸上,类似邮资签条。

电子邮票最早是 1969 年 3 月 1 日在法国巴黎蒙日隆商业中心诞生的。此后,由瑞士苏黎世一邮局于 1976 年试用,德国于 1981 年开始应用。目前已扩大到 100 多个国家和地区。

按照万国邮政联盟的有关规定,电子邮票上不标注日期和地点,使用不受日期、地点的限制。性质是邮资预付,属邮票类,一样作为邮资凭证。投寄贴有电子邮票的邮件,必须加盖邮政日戳注销。万国邮联于 1984 年在汉堡大会上正式认定:"电子邮票是正式邮票。"

我国的电子邮资出售机,首次于 1999 年安装在北京西客站自助邮局内。该邮局 1999 年 12 月 30 日开业,宣告中国邮政首枚自动化邮票诞生。此种"电子邮票"属于试用阶段,仅限于在北京西客站自助邮局交寄。购票者只需向自动邮票机内投入所需的邮票面额的等值硬币,在极短时间内,就可以从取票口拿到打印好的邮票。手续简单,方便用户,不受时间限制,

全天候为用户服务。

香港至今一共发行了 14 种电子邮票。第一种在 1986 年 12 月 30 日发行，主图为鲤鱼。从 1987 年开始，又连续 12 年发行了生肖自动化邮票。1998 年 12 月 1 日起开始发行图案为紫荆花和有"香港"字样的自动化邮票。

澳门发行的自动化邮票至今已经有 4 种，铭记为"MACAU 澳门"。第一种于 1993 年 10 月 19 日发行，主图为澳门邮电大楼和邮电徽志。第二种和第三种分别发行于 1999 年 6 月 2 日和 2001 年 2 月 1 日，图案为莲花大桥和莲花。2002 年 6 月 5 日发行了一枚"节约能源"电子邮票，主图为拟人化的放光芒的灯泡，头顶上长出了两片绿叶。

▶ 五、卷筒邮票

卷筒邮票又称盘卷邮票，系专供邮局自动售票机出售用的邮票。事先把邮票制成长条状盘起来，出售时机器一枚一枚地"吐"出来，故称"卷筒邮票"。

1893 年美国在哥伦布博览会上首次使用自动售票机出售卷筒邮票。当用户投足硬币并按下相关的面值按钮及枚数按钮，自动售票机能自动识别，提供相当的邮票，并退出余钱。但当时的卷筒邮票需先用手工把整版邮票撕开成长连票，然后再盘成卷放入自动售票机中。直到 1906 年美国才正式印制卷筒邮票。但一开始的卷筒邮票系无齿票，在使用中很不方便，因此一些邮局就在卷筒邮票间的连接部分打孔。到 1908 年才开始印制有齿的卷筒邮票。目前美国是世界上使用卷筒邮票数量最大的国家。

美国的卷筒邮票多系普通邮票，按其连接方式分纵连和横连两种，均为两边有齿孔，纵式长连左右两侧无齿孔，横式长连上下两边无齿孔。一般由 100 至 3000 枚同一面值的邮票组成一卷，每卷的起始多附有指示带标明每卷枚数、面值和种类等说明文字。为了便于计数，有些卷筒票每隔 5 枚票背面印有一个计数号码。

瑞典自 1920 年以来，将纪念、附捐、航空邮票也制成卷筒邮票。1969

年,英国的卷筒邮票是将四种面值的邮票连印成为一个单元,按单元在自动售票机上出售。

用自动售票机出售卷筒邮票既方便又卫生。售票自动化是邮件自动处理系统的一个环节。

六、航空邮票

航空邮票是专供航空邮件贴用的。世界各国发行航空邮票,大多数是采用飞机作图案。也有的以飞雁、火箭、宇航、飞艇、自由女神头像等为图案,有些邮票上印有"航空邮票"字样。

第一次世界大战后,飞机得到改进和完善,各国纷纷实验用飞机传送邮件,于是航空邮票诞生了。

世界上最早发行航空邮票的国家是意大利。1917年,为都灵——罗马航线试航,在一种普通邮票上加盖了意文"航空"字样而成为航空邮票。世界上正式发行第一套航空邮票的是美国,1918年5月13日为了纪念民航开行而发行,航线是华盛顿——费拉德尔菲亚——纽约,全套3枚,面值为6美分、16美分和24美分,图案是飞翔中的双翼飞机,这也是世界上第一套以飞机为图案的航空邮票。

我国第一套航空邮票是1921年7月1日由北洋政府发行的,共5枚,面值为1角5分、3角、4角、4角5分、6角和9角,图案是老式的双翼飞机掠过长城。这一套邮票被称为"北京一版航空票"。新中国成立后,共发行过两套航空邮票,第一套是1951年5月1日发行的,共有5枚,图案都是飞机与天坛祈年殿,邮票上有"中国人民邮政航空邮票"的字样。第二套是1957年9月20日发行的,共有4枚,图案分别是飞机场、公路汽车、火车和轮船。到1983年底,已经有190多个国家和地区发行了27000多种航空邮票。这里面还可以细分为"航空附捐"、"航空公事"、"航空特快"、"航空挂号"、"航空军事"和"航空包裹"等专用的邮票。委内瑞拉和尼加拉瓜发行的航空邮票都多达一千多种,可以称得上是世界航空邮票的冠亚军。

青少年课外文体娱乐指南

英国至今还没有发行过航空邮票,法国大约发行了 50 多种航空邮票,设计讲究、印制精良、选题广泛。美国平均每年发行一套航空邮票,题材包括横越太平洋、横越大西洋、人类首次登月成功等。

七、欠资邮票

欠资邮票是邮局向收件人收取欠付邮资时贴用的专用邮票。通常以"欠资"字样和面值数字为主图,不能作为预付邮资的凭证。一般不在邮局出售。现在,国际上多用法文 TAXE(欠资)的第一个字母"T",作为欠资邮票的通用标志。一般欠资邮票都不印国家的名字,因为它们都在国内使用。

欠资的原因有很多,如信件超重、少贴邮票、贴用了无效邮票等。有人认为,欠资邮票的使用不同于一般邮票,它不是"邮资预付的凭证",而是"邮资补付的凭证",所以不能称作"欠资邮票",而应叫"欠资票"。多数意见则认为,欠资邮票也是一种邮寄函件的"邮资凭证",只是付款的方式和时间不同而已。而且它的图案、票幅、齿孔等和一般邮票没有什么显著差别,加以世界出版的各大目录都刊入专用邮票之列,所以仍应称作"欠资邮票"。根据统计,曾经有 220 个国家和地区发行过 8000 多种欠资邮票。中国最早的欠资邮票是 1904 年清代邮政发行的,在伦敦版蟠龙票上加盖"欠资"字样,暂作欠资邮票使用。

目前我国如果发现欠资邮件,对于无寄信人地址的加盖欠资戳,填上应补交的邮费,补交的邮费一般是所欠邮资的两倍,由收信人支付。对于有寄信人地址的则贴上退批条退回信件。

八、军用邮票

有些国家对军队信件收费较低或免费寄送,为区别于一般邮件,就专门发行一种军人通信用的邮票,称为军用邮票。

军用邮票作为邮票家族中的一个特殊成员,历来受收藏家瞩目,因使用对象的独特性及其量的稀少,现价值颇高。世界上最早的军用邮票是土耳其1898年发行的,形状为八角形。1938年9月晋察冀边区发行一套军人邮票——抗战军人。1944年,中华民国邮政发行一种无面值军用邮票。1953年我国邮政部门曾拟发行一套军用邮票,分陆军(黄、红色),海军(蓝、红、橘黄色),空军(红、橘黄、紫红色)贴用三种,均以"八一"军徽为主图,面值800元(旧币),后因使用范围及对象难以控制,决定停止发行。但因有一部分邮票已发到各军区,未能全部收回,所以,现在有少量这种邮票存于集邮者手中。

九、加盖邮票

加盖邮票,又称改值邮票,是在已发行的邮票上面加印删文字或者面值,用来更改原票的发行机构、发行时间、用途或面值等,使其变为一张新邮票来使用。加盖邮票不是一个单纯的票种,它本身又有普通、纪念、特种、航空等票种之分。

加盖改值邮票最早出现在美国。1846年,纽约市专差快递信局将一枚面值3美分的市内专差快递邮票,加盖改值为2美分使用,开创了改值邮票的历史。

发行加盖邮票的原因有很多,大致可以有以下几种情况:

1. 因发行国政体改变而加盖

如我国1912年2月12日清帝退位,在清代"蟠龙"邮票上加印"中华民国"字样使用,1950年中国人民邮政将解放前邮票加印"中国人民邮政"和人民币面值使用。

2. 因改变用途加盖

如1945年4月,我国苏中区在邮件收费制实行后,将邮票加印改作"四角"字体,供寄递机要文件专用。

3. 因币制改变加盖

如解放前中华邮政将法币面值加印"金圆"字样,并改为金圆面值使用。

4. 因限制使用地区加盖

如解放前中华邮政将邮票加印"限＊＊贴用"等。

5. 因改变邮票面值加盖

我国解放区加盖邮票中,多属此类。

6. 因使用于国外设立邮局而加盖

指一个国家利用特权,在另一国家领土上设立邮局,将本国邮票加印文字后使用,如外国在我国的所谓"客邮"邮票。

加盖邮票因加印技术,刷色变化、字体变化等,可产生出许多变异,有的已成为绝无仅有的珍邮。

▶ 十、汇兑邮票

汇兑邮票又称汇兑印纸,在汇兑业务中,贴在汇票及其核对单据上的汇款金额的凭证。虽然有一定的面值,但是不公开对外出售。

1884 年荷兰发行了世界上最早的汇兑邮票。

1898 年,我国开始办理汇兑业务,当时没有发行汇兑邮票,而使用了普通邮票。1925 年 1 月,中华邮政发行了 13 枚一套的汇兑邮票,图案全都是一座 9 层宝塔,面值和刷色不同,俗称"北京一版汇兑邮票",开创了发行汇兑邮票的先河。以后陆续发行过多套汇兑邮票和加盖"限＊省贴用"的汇兑邮票。

新中国成立后,先是在中华邮政发行的汇兑邮票上加盖面值和铭记"中国人民邮政"使用,1953 年 1 月正式发行"工农图"汇兑邮票,全套 1 枚,无面值,同年年底终止使用汇兑邮票。

十一、公事邮票

"公事邮票"也称"公文邮票",专用邮票的一类,专供政府机关寄递公事邮件使用。公事邮票专门印制的很少,多数是在普通邮票或其他邮票上加盖"公文"字样。

英国在1840年首先印制公事邮票,但未投入使用。西班牙在1854年7月首先发行了供实际使用的公事邮票,这套邮票是用黑色印在各种颜色的纸张上,都带有盾形国徽,邮票上无面值。

1888年台湾巡抚刘铭传发行了专供官府文书贴用的台湾官用邮票,是我国地方政府邮政发行的最早的公事邮票。1915年中华邮政发行新疆针孔公文贴用邮票,这是中华邮政时期地方邮政发行的最早的公事邮票,邮费由邮政部门向省政府财政统一结算。1942~1945年,淮南、苏中解放区发行的"平"、"机"、"快"、"内用机邮"、"内用快邮"邮票是革命战争时期发行的公事邮票。新中国成立以后,没有发行公事邮票。

十二、私人邮票

私人邮票顾名思义就是个人私自发行的邮票。

历史上最著名的私人邮票是1847年发行的特立尼达的《麦克劳德夫人号船》邮票。当时船主为了赚取西班牙港和圣费尔南多港两个港口之间运送邮件的资费,印制了这种邮票。目前这种邮票已经列入世界珍邮,而且官方承认这套邮票是该岛国的首枚邮票。

1870年,斐济的格利费斯创立了《斐济时报》,为了寄发他的报纸,他用铅字印刷了几种邮票,目前这几种邮票也得到了官方的认可。

十三、票中票

为了某种特殊的纪念意义或宣传的需要,将曾经发行过的邮票印制在新发行的邮票中,这种邮票称为"票中票"。

邮票不仅是邮资凭证,而且也是历史的见证、国家的名片,所以发行票中票可体现邮票的历史价值,展现新旧邮票不同的风采。一般票中的邮票其发行的时间都距离新邮票发行的时间久远,有些因特殊原因成为珍邮,因而有相当多的人由于时间局限未能见到;而票中票的再现,不仅可以使我们目睹珍邮的全貌,而且可以增进对那一段历史的了解,故深受邮友们青睐。

世界各国都很重视发行票中票。自1940年墨西哥首先发行了一套纪念世界第1枚邮票"黑便士"发行一百周年的票中票以来,至今全世界已有200个国家和地区发行了两千余种票中票,其中发行最多的国家是古巴,达百种以上。

我国首次发行的票中票是1948年3月20日因中华邮政南京举办的邮展而发行的,票面选择了《光复纪念》和《邮政总局成立51周年纪念》两枚邮票作为新票的主图,一套2枚,分为有齿票和无齿票,面值均为5000元,刷色分别是红色和绿色。

新中国成立至今共发行了7套16枚票中票(包括小型张3枚),它们分别是:

(1)J99《中华全国集邮展览1983·北京》一套2枚,票中票为1951年10月1日发行的新中国第1套特种邮票"国徽"(5-1)和抗日战争时期陕甘宁边区邮政管理局发行的延安宝塔山图邮票。

(2)J150M《中国大龙邮票发行一百一十周年》小型张1枚,票中票是清代1878年7月发行的绿色1分银、红色3分银、黄色5分银"大龙"邮票。

(3)J161《中国人民政治协商会议成立四十周年》一套1枚,票中票是纪1《中国人民政治协商会议第一届全体会议》(4-2)。

(4)J169《中国人民革命战争时期邮票发行六十周年》一套2枚,票中票为1930年闽西交通总局发行的《闽西交通总局赤色邮花》和1932年5月中华苏维埃邮政总局发行的《苏维埃邮政邮票》"战士图"。

(5)J176M《西藏和平解放四十周年》小型张1枚,票中票是纪13(4-1)"拉萨布达拉宫图"。

（6）1996－4M《中国邮政开办一百周年》小型张1枚,票中票是清代红印花加盖改值8枚邮票,其中红印花加盖小字"当壹圆"邮票是清代珍邮中最名贵的邮品,存世量极少。

（7）1999－20《世纪交替,千年更始——20世纪回顾》。这是一套纪念人类跨入新世纪的邮票,又是一套票中票。票面中以新中国已发行的邮票作为背景,反映了中国在20世纪的八件大事,即:辛亥革命、五四运动、中共诞生、抗战胜利、开国大典、两弹一星、改革开放、港澳回归。20世纪的中国经历了封建社会、殖民地与和半殖民地社会、社会主义社会三个历史阶段,经历了一次又一次血与火的洗礼。票中票重新把中国人民的革命斗争史浓缩在方寸之中,体现了票中票的艺术震撼力。

▶ **十四、附捐邮票** 🎟

附捐邮票又被称为福利邮票、慈善邮票,它主要是指为福利、健康、赈灾、慈善等事业募捐而在邮票本身的邮资外另加附捐金额的邮票。它与普通邮票的区别在于除邮票面值外另加捐资,而捐资部分用于福利事业。

附捐邮票的特点是:(1)附捐邮票的售价由面值和附捐金额两部分组成。(2)印刷的时候面值排在前面、字体较大,附捐金额印在后面、字体较小,中间用加号相连。(3)发行量极少,只为了特定的赈灾和慈善事业而发行。

附捐邮票是一个单独的类别,但我国发行的附捐邮票均排在特种邮票的序列里。虽然我国发行的附捐邮票很少,但是西方国家基本上每年都会发行一到二套附捐邮票。世界上第一枚附捐邮票1897年诞生于澳大利亚的南威尔士。我国第一套附捐邮票发行于1920年12月1日,全套共计三枚,是由当时的财政部印刷局用北京一版帆船邮票加盖"附收赈捐壹分"字样而成。根据统计,目前世界上已经有180多个国家和地区发行了一万多种附捐邮票。瑞士是世界上发行附捐邮票最多的国家,于1913年首次发行,从1915年至今从未间断过,图案种类最多,系列完整,已经达

到百种。

▶ 十五、发光邮票

凡用发磷光或荧光的物质印刷、复盖或平涂在邮票上,以供电子理信机或邮票盖销机使用的邮票统称为磷光邮票。信函上贴上这种邮票后,在紫外线灯照射下,因能反射出一定波长的光线,故而也称"发光邮票"。

英国是世界上最早使用磷光邮票的国家。1957 年,英国邮局开始使用电子自动分拣机分拣信函,所用的试验性邮票背面印上石墨条杠。1958 年,英国邮政发行了印有透明磷光带的邮票。自此,磷光邮票正式进入通信领域。

邮票印制过程中加入发光物质的方法一般分为四种:1. 纸张加工时就加入发光物质。尤其是票图与正面能够适应电子分拣。2. 纸张正面涂一层发光物质。邮电部 1986 年 5 月 22 日发行的 T110《白鹤》就是采用的这种形式。此票发行后,有人发现在紫光灯下白鹤的眼睛会发出荧光,因此曾有许多集邮爱好者认为《白鹤》邮票是用磷光油墨印制的。实际上,《白鹤》邮票采用的是荧光纸印刷。由于白鹤眼部油墨较浅,未能将荧光覆盖,所以造成了一些误解。3. 邮票印刷后,在票面部分加印发光物质,大多是磷光条杠,也有加印文字的。邮电部发行的 T49《邮政运输》、普 22(甲)《祖国风光》邮票以及近期国家邮政局发行的邮局全张中带版号编码的邮票都属于这种类型。4. 邮票印刷后,在表面涂一层发光物质。2001 年 11 月 11 日发行的 2001—24《中华人民共和国第九届运动会》邮票就属此类。

▶ 十六、个性化邮票

个性化邮票是近几年新兴的一个邮票品种。

个性化邮票分为自贴式和附票式两种。

1994 年 1 月 28 日,加拿大邮政首次推出了个性化邮票,采用小本票的

形式发行。在小本票内印有 10 枚"祝贺邮票",邮票印有国名和面值,特殊之处是邮票中间都留有一个空白的小圆圈,个人可凭喜好在空白的小圆圈内贴上不干胶的圆形小画面,组成自己设计的邮票。1999 年 3 月 19 日,澳大利亚率先在本国主办的世界邮展现场,利用数码相机和计算机,把普通百姓的照片印在"帆船"邮票的附票上,进行现场制作,引起了人们极大的兴趣,也在世界邮坛造成了轰动。

目前在附票上印的内容范围已经有所扩大,除了自己肖像外,还可以印上名人、徽记和吉祥物等。我国在 2001 年首先在"第 21 届世界大学生运动会"的附票上印上了相声演员牛群的形象,运动会的 12 个比赛场馆、会徽和吉祥物等。

第五节　世界珍罕邮票

邮票同其他艺术品一样,遵循物以稀为贵的规律,各种条件造成了珍邮存世量的稀少。珍邮各有其形成的原因,它们具有独特的魅力,人人向往,但是并非每一个人都可以得到它,这也正显示出邮集中珍邮的珍罕程度。那么,什么样的邮票才算具有珍罕性呢?

▶ 一、变体邮票

变体邮票是指在邮票印制过程中,由于某种原因,造成某些邮票在图案、刷色、文字、齿孔、纸质等方面与发行部门公布的资料不同,与原票样有明显差异的邮票。一般分为小变体和大变体两种。

与正票相比有轻微差异的,如移位、漏白、直角齿等称为小变体,为趣味品。

与正票相比有较严重缺陷和错误的,如严重漏色、错色、中心图案倒印、水印错误、加盖有误、漏齿、文字错误等称为大变体。

造成变体邮票主要有以下几种原因:

(1)倒印:双色或双色以上的套印邮票,印刷时把中心图案或文字印倒了。

(2)错位:即"移位",如印刷错位、齿孔错位、加盖错位等。

(3)漏印:仅印有邮票中心图,漏印边框,称作边框漏印;仅印有边框,漏印中心主图,称作中心漏印。

(4)漏齿:在邮票打齿孔时,该打上孔的地方,没打上,称为漏齿。

(5)倒盖:将加印、加盖的文字或图案印倒,称为倒盖。

变体邮票必须是从邮政发行渠道流入社会的,而从其他渠道偷盗的印刷废品或采用人为手段制造的伪品不被承认是变体邮票。一般来说,变体邮票出现的可能性极小,并非人为所致。在集邮界,变体邮票历来是人们争相收藏的对象,一则由于其存世量少,珍罕性高,再则通过变体邮票可以研究其成因、出售使用情况,甚至邮票发行史上的某些特定情况等。另外,如果能在参展的展品中收入变体邮票,那么被评分时,就会在珍稀程度上占有相当的优势。因此,变体邮票的收藏价值不言而喻。

以我国著名的"宫门倒印票"和"纽约版边框倒印票"为例。前者是在1914年~1919年中华邮政发行的普通邮票中,2元面值的牌坊邮票出现了中心图案倒印的情况,由于集邮界误将国子监牌坊视为宫门,因此称其为"宫门倒印邮票"。这枚邮票是双色印刷,在第二次印刷时纸张倒置,所以出现了图案倒印的变体票。据考证,此票仅流出48枚,被集邮家视为珍宝,列入"民国四珍"之中。后者是重庆的一位中学生发现的,该票是1941年发行的纽约版孙中山像邮票,面值2元的邮票中,因印刷操作失误,出现了中心倒印变体。在展品、贴片中,为使孙中山像正置,集邮界一般称这枚邮票为"边框倒印票"。由于"民国四珍"的说法在此票出现前已经形成,因此该票未列入"四珍"之中,但其珍罕程度远在"四珍"之上。

▶ 二、加盖中的变体

加盖邮票时,由于种种原因出现了一些变体,从而使世界邮坛产生了一些珍邮。其中大清邮政发行的《红印花》加盖票就是其中著名的一种。在世界范围内产生了邮票中的"红学研究"。

老一辈集邮家称清代邮票有"前四宝",其中就有三种是由于加盖而造成的"宝",即《红印花》加盖小字"当壹圆"票、《红印花》倒盖"当伍圆"票、《红印花》小字"暂作洋银贰分"倒盖兼覆盖邮票。这三者中以小字"当壹圆"票最为珍贵。

清朝末年,国库空虚,清政府拟采取征税的方法,以弥补财政的不足,因此像英国那样定制了印花税票。由于征税政策遭到反对,没有实行,只好将印好了的红色 3 分印花封存,其余的停印。红印花原票酷似邮票,由于币值改革,废物利用,便在"红印花"税票上加盖成黑色"大清邮政"、"暂作洋银"和中英文面值改作邮票使用。全套加盖邮票 8 枚,有 5 种面值,其中大字、小字面值都加盖的有 3 种,即"当壹圆"、"暂作洋银贰分"、"暂作洋银肆分";只加盖大字面值的有两种,即"当壹分"和"当伍圆"的邮票。

其中加盖小字"当壹圆"面值的邮票发行的数量很少。原因是加盖后发现小字不醒目,就改作加盖大字的面值了。根据考证,小字"当壹圆"面值的邮票目前仅存 33 枚,其中包括一个四方连和唯一的一枚旧票,都是当世孤品。

▶ 三、印样和票样

1. 印样

印样又称样张。指邮票印刷部门内部的印刷样品,是邮票开印前从原模或印版上印出的印刷品。

印样供邮票印制部门检查各道工序的印刷效果、呈报上级或作为资料保存。印样不具备邮资凭证的作用,可以分为设计印样、试模印样、试机印样、试印印样和试盖印样。另一种是专供馈赠的印样。

（1）设计印样

设计印样又称试制印样,指邮票设计图案未经正式采用之前,印制出来

供审核用的印样。有的设计印样因故不被采用,如民国时期的"中华民国共和纪念",中国地图图案的印样,新中国的"脸谱"等邮票印样。

(2)试模印样

试模印样又称试模票,它是将雕刻好的邮票母模涂上油墨,覆纸加压印出的邮票图样。一般试模印样为黑色,故称为"黑印样"。试模印样主要用于检查雕刻效果或送交主管部门审定。由于印量极少,故为珍贵邮品。

(3)试机印样

试机印样又称试机票,它是新的印刷机械安装调试时的印样,如我国"文革"时期上海印制的"红灯记试机印样"。试机印样一般无文字、无面值。

(4)试印印样

为了检查彩色印刷效果或新工艺的效果而印制的印样。如我国1959年的"永乐宫壁画·四色影写"印样。试印印样一般无面值、无国名,有的注写"单色"、"四色影写"等字样。

(5)试盖印样

试盖印样又称试盖票,它是在邮票进行加字改值前,先在单枚或整张邮票上进行试盖,检验效果,以决定加盖的字体和色彩的印样。如我国清代的红印花邮票,加盖绿字后,发现不醒目而未被采用,改用黑色文字。加盖绿字的红印花邮票被集邮界成为"绿衣新娘",成为著名珍品。

(6)馈赠样品

馈赠样品又称原模印样,它是以不同纸张或不打齿孔或采用不同刷色使用邮票原模印制的邮票印样。馈赠印样的印制数量较少,用于馈赠贵宾,不作为邮资凭证使用。如1894年中国清政府发行的莫伦道夫版"万寿票"。

2. 样票

样票又称票样,它是将正式印制的邮票加印"Specime"或其他文字的"样票",或专门凿孔成同义文字,以示区别。样票是送有关部门备案、备查或供宣传或供馈赠用的样品。

四、未发行邮票

未发行邮票是指凡已经印制完成,并做了公开发行准备,但由于设计上的严重缺点和错误或由于其他原因,而没有正式发行供邮政上使用的邮票。广义上的未发行邮票,包括试机样票、试模样标、试色样票、未采用样票、正式发行票的打印样张、样票,正式发行邮票中的半成品等。这里需要强调指出的是,有些本不该发行的错体票,尽管邮政部门有通知取消发行,但因管理不善,从邮政窗口提前售出,既成"正式发行供邮政上使用"的事实。因此,不应再归为未发行邮票,应算作错体停发票,如"全国山河一片红"邮票,应划归错体票,不应归未发行邮票。

未发行邮票的定义是严格的,对它的判断有二:一是未公开发行;二是不准或没有正式发行供邮政上使用。未发行邮票很可能在"邮政上使用"(私自倒戳销票除外),因为这些邮票是真的,造成邮政人员对它的疏漏也是正常的。所以,用来判断未发行邮票的第二条仍是必不可少的。

第三章　邮政用品的收集

邮政用品是指国家邮政部门(或经官方批准)发行的带有预印邮资图或印有表明一定"邮政资费已付"文字的邮资信封、邮资邮简、邮资明信片和邮资包封纸等各类邮政物品。这些邮政用品也在集邮的范围之内。

第一节　信封

信封大致可以分为带邮资的信封和不带邮资的信封两大类。但是按照其不同的用途,可以分为实寄封、邮资封、空难封、海难封、航天封、航空封、邮简、邮电公事封、军邮封、欠资封、镶嵌封、拜年封、极限封、外展封、首日封、纪念封、快信封、免资封、原地封等等。带邮资的信封在专题集邮中有重要作用。不带邮资的信封有的在传统、航空、航天、开放类集邮中有重要作用;有的只属于趣味封,例如官方首日封、原地封、极限封和纪念封等,不能编入邮集中参加竞赛级邮展,只供藏者自己组集欣赏。

▶一、实寄封

实寄封是经过通信寄递后的信函封套或者其他邮政用品的总称。广义的实寄封还包括其他部门专设负责本系统内部信函传递的机构传递过的信封,以及邮票史前的邮驿封、车封、马封和民信局实寄过的信封。

　　按其不同的功能和寄递方式,实寄封可分为多种类别。比如平信实寄封、挂号实寄封、快件实寄封、特快专递实寄封、印刷品实寄封、航空实寄封、军邮实寄封、联行专用实寄封、收件人邮资总付实寄封和各种带邮资的不同类别实寄封等。可以说,邮资票品有多少种类别,实寄封就有多少种类别;只能比其多,不会比其少,因为邮资票品中没有的类别,实寄封中照样有,比如在铁路上递送的车递封等。实寄封经过通信实寄后,上面常盖有各种戳记,具有重要的历史见证和史料价值,是研究邮政史和邮票史可靠的佐证,是组编邮集必不可少的重要素材。

　　邮政寄递的实寄封,一般贴有邮票或其他邮资符志、免费标志,盖有收寄局日戳和投递日戳。有的有投递员章或工号戳。落地戳是盖在邮件背面的红色戳记,是实寄封的重要组成部分,它可以表示一个邮件到达投递局的日期。人们从销票的日戳和落地戳上,可以了解一个邮件由甲地到乙地的邮寄时间,没有盖落地戳的信封不是标准的实寄封。信筒开出的信件还有信筒号戳和其他各种戳记,或贴有邮政签条。

　　实寄封是组编邮集的佳品,是一部邮集的重点,没有实寄封的邮集只能算是刚入门的邮集。1983 年以前,参展邮集中的实寄封片不到 20％,1997 年已超过 60％,而随着国际互联网的迅速发展,实寄邮品整体开始呈下降趋势。

　　实寄封不同于销印封和预销封,它记录了比邮票更多的资料,对于研究邮政史和邮票史、印证有关事项的史实有着重要的作用,是集邮收藏、研究的重要对象,是制作邮政史邮集、传统邮集和专题邮集的重要邮品。确定世界上第一枚邮票"黑便士"的发行日期,靠的也是一个孤品自然实寄封,它于 1840 年 5 月 2 日由巴斯(BATH)发出,此封的身价如今已在 300 万美元以上。联想到当初发出此信只需要贴一个便士的邮票(240 便士等于 1 英镑),而今天一枚黑便士新票价值 2250 美元,可见自然实寄封具有极高的收藏价值。

青少年课外文体娱乐指南

▶ 二、邮资封 ⑤⑤

印有邮资图的信封称为邮资封。它是为了便利寄信人减少贴邮票的手续,由国家或地区邮政主管部门印制、发行的一种带有邮资符的信封。

邮资封、邮资片和邮简上的邮资图统称为"邮资符志",相当于贴在信封上的邮票,但是又不等同于邮票。现在提一个问题:把邮资封、邮资片和邮简上的邮资图剪下来,再贴到信封上寄信行不行? 其答案是否定的。因为在我国有明文规定,从邮政用品类上面剪下来的邮资符志贴在其他邮件上无效。国外有的国家无此规定。

1. 普通邮资封

普通邮资封是指多次印刷、大量发行的常用的邮资封,其邮资符往往图案简单,类似普通邮票,不大美观。

英国于 1840 年 5 月 1 日发行,于 5 月 6 日正式启用的,与黑便士邮票同时诞生的邮资封是世界上由政府部门发行的最早的邮资封。

由于该邮资封是由皇家艺术家学会会员、设计师马尔莱迪设计的,所以人们称其为"马尔莱迪"封。印有"邮资 1 便士已付"的封是黑色,"邮资 2 便士已付"的封是蓝色。为了防伪,用纸选用了约翰·迪金森公司生产的特种纸,纸内嵌有红蓝两色印线。

1841 年 3 月和 4 月又重新发行了粉红色压凸图案的 1 便士和蓝色 2 便士的邮资封。遗憾的是,这种封当时不受欢迎。然而它们的样式,后来却成了世界其他国家所效仿的样板。最早印有类似邮票图案的邮资封是 1845年美国发行的。

世界上许多国家都发行了普通邮资封。

新中国 1956~1965 年期间,发行了第一套普通邮资封,共 11 枚,封面上印有天安门邮资图,背面左下部印有编号及年份。

比较珍贵的是"文革"期间发行的两套普通邮资封。一套是 1967 年 8月发行的"语录封"20 枚,邮资图采用天安门,封上印有一条毛主席语录,背面左下部印有编号及年份。

另一套是 1970 年 1 月发行的无编号普通邮资封,邮资图采用"大庆工人"、"大寨农民"、"军民联防"、"向贫下中农学习"4 种。封上印有剪纸图案,有"伐木工人"、"电力工人"、"大庆工人"、"焦裕禄"、"张思德"、"刘英俊"、"雷锋"、"战士学习"、"战士守夜"、"学生务农"、"毛泽东思想宣传队"、"越南女民兵"等。由于这套邮资封的颜色都是采用红色或绿色,所以这套封又称"红绿封"。目前收集全套已经很不容易了。

1992～2000 年期间,我国共发行了 5 套 6 枚普通邮资封,但是从 2001 年开始加快了发行速度,仅 2001 年全年就发行了 16 种。因为这些普资封不是在全国统一发行,而是按地域出售。收集全也不容易。

2. 纪念邮资封

纪念邮资封是为了纪念国内外重大事件、著名人物等而专门设计、印制、发行的邮资封。封上或邮资图上印有纪念图文,邮资图往往设计得像纪念邮票,十分漂亮。

纪念邮资信封的邮资图案一般是由各学会、团体、会议各自的会徽、会标、奖章构成;或者由其会徽、会标、奖章再加上其他图案组合构成;或者由具有各学会、团体、会议各自本身明显特征的事物、意象构成。信封图比较大,能容纳较多的事物信息,是表现纪念主题的不可缺少的重要组成部分,它以艺术抽象或摄影具象的表现方式对邮资图案内容进行延伸与补充,是邮资图案的渲染与衬托,使信封画面变得丰富与平衡。

世界上最早的纪念邮资封是 1876 年美国为纪念国家独立一百周年在费城展览会上发行的,封上印有 3 美分的邮资,分红绿色两种。

前苏联发行的纪念邮资封分为两类,一类是以普通邮票为邮资图,封的左边有纪念图案或文字,自 20 世纪 20 年代开始发行,到 1991 年共发行了约 2 万种;另一类是专门设计纪念邮资图,再在封上配以纪念图案或文字,自 1939 年开始发行,共发行了 180 种。这些邮资封艺术性较高,题材广泛,具有较高的欣赏价值。苏联解体以后,许多前苏联的邮资封流入我国,成为专题集邮爱好者喜爱的邮品。俄罗斯发行的纪念邮资封继承了前苏联的风格。

前苏联纪念邮资封

中国从 1982 年 8 月 26 日开始发行纪念邮资封系列,采用 JF 为代号。JF1 是纳米比亚日,邮资图为燃烧的火炬,左侧图案是表现纳米比亚人争取独立的画面。此系列至今已发行了近 80 种。由于题材广泛、印刷精美、发行量小,受到集邮爱好者的追捧。

《老龄世界大会》纪念邮资封一枚一套

我国目前发行的纪念邮资信封题材具有如下特点：

（1）题材内容丰富。不论是文化、科技、政治、外交、经济、建设等各种题材领域，纪念邮资信封均有涉及。

（2）举要写实。国内外具有一定意义的活动，均能"立此存照"，真实准确。

（3）发行上机动灵活。它是纪票发行的有益补充，包含偶发性、临时性、应急性、时效性。

（4）表现主题单纯。不像纪念邮票一事多组，也不像JP一套多枚，全部是一"事"一封，凝炼概括，点到为止，笔简意重。

（5）目前涉及范围有限。一般未涉及党派，多表现群众团体；未涉及国家关系，多表现行业会议；未涉及全局发展，多表现具体成果；未涉及著名人物，多表现事件活动。

3. 美术邮资封

在普通邮资封上印有美术图案或印有美术邮资图的信封称为美术邮资封，是中国特设的一个品种。世界各国把这类封统称为纪念邮资封，划分得不是很细。

我国1957年发行了一套美术邮资封，代号为MF01，采用普9天安门邮资图，背面左下部印有编号及年份。该套美术邮资封的编号至29号，但是第28号未正式发行，所以正式发行的为5组28枚。信封图案采用了精美的绘画作品，如"婆媳上冬学"、"武松打虎"、"两个羔羊"、"拔萝卜"等。在1996年4月21日的拍卖会上展示的为全套29枚，只因另外加上了1个"2旷号封"，竟以16.4万元的价格拍出。

为什么第28号夭折了呢？问题出在了信封左面的图案上，图案中天安门上方写了两个数字：1070和1800，分别代表1958年和1959年的钢产量指标。1959年钢产量指标是在1959年4月18至25日的二届人大一次会议上对外公布的，可是到了8月26日的人大常委会上，把1800万吨的钢产量指标调整到了1200万吨，与封上所印的数字不符，所以此封失去宣传意义，被取消发行。为了节约用纸，决定把此封翻转改制为邮电公事封使用。此封存世量极少，是新中国邮资封中的首选珍品。

青少年课外文体娱乐指南

1983 年我国还曾发行了一套 10 枚花卉邮资图美术封,编号为 M1,邮资图选用了水仙花、荷花、月季花等为图案。可惜 20 年过去了,至今仍未见 M2 出现,集邮者戏称为"孤独的 M1"。

荷花美术邮资封

4. 特种邮资封

指印有特种邮资图的邮资封。有附捐邮资封、礼仪邮资封等,也是我国近些年新开发的特有品种。

1999 年 2 月 10 日我国首先发行了 3 枚礼仪邮资封,代号为"LF",两枚用于国内、一枚用于国际礼仪信函。其他发行情况参见图表。

新中国特种邮资封

编号	名称	发行时间 (年.月.日)	面值/分	售价/分	发行量/万套
LF1	祝贺新禧		100	150	481.04
LF2	福寿延年	1999.2.10	100	150	
LF3	喜事连连		540+100	690	320.14
LF4	恭贺新禧		80	120	300.04
LF5	四季平安	1999.12.18	80	120	
LF6	爱心永驻		80	120	300.04
LF7	迎春接福		80	130	

三、首日封和尾日封

1. 首日封

在邮票发行的第一天,在专印信封上或普通信封上贴上一枚、数枚或全套该种邮票,用普通邮戳或纪念邮戳盖销。经过邮局实寄的称为首日实寄封,未经过邮局实寄的称为销印首日封。

首日封有多种类型,按制作主体分,有官方首日封、自制首日封;按盖销邮票方式分,有首日实寄封、首日销印封、官方首日封等;按所贴邮票种类分,有纪念邮票首日封、特种邮票首日封、普通邮票首日封、小型张首日封、异票首日封等;按邮票主题、信封图案、邮戳所在地是否一致或相关来分,有极限首日封、相关首日封。首日封是研究集邮史、邮政史的重要资料。

"曹冲称象"首日封

卡尔·刘易斯是一位在日本居住长达 45 年之久的美国集邮家,从 1934 年开始,他成为第一位从日本向海外寄发首日封的外国集邮者。45 年中,他共寄出了 2 万 3 千多个实寄封,其中绝大部分是首日实寄封。这些封的背后标有字母"O"或"N"的记号,前者表示封中有信笺,需打开,后者表示收件人无需打开。"珍珠港事件"后,他因寄出的盖有标记的实寄封被日本警察认为是"间谍信"而遭逮捕。在家人的帮助下才被释放,但仍被软禁在家中,不久后去世。

专印首日封是由邮政部门或集邮团体为纪念邮票首发而专门印制的首日封。中国集邮总公司从 1957 年的纪 44 和特 18 开始发行专印首日封,"文革"时期停止发行,1979 年又重新发行。专印首日封上印有设计图案,与邮票相映成趣,互为补充。如在纪念辛亥革命邮票的首日封上绘了一顶清朝红顶官帽上插着一把军刀的加印图案,隐含了辛亥革命推翻了清朝的历史意义,十分巧妙,又发人深省,是绝妙的佳作。首日封的背面往往印有与所发行的邮票相关的文字资料。但专印首日封不能在竞赛级邮展上使用。

世界上有许多国家都发行专印首日封,以美国的影响最深,深受集邮爱好者的欢迎,有的还专门成立了首日封研究会。

今天的首日封印制得非常讲究,除了使用现代印刷技术之外,有的还在图案里镶上一枚纪念币或其他小手工艺品。我国发行的古钱币邮票首日封,就在图案中镶嵌一枚小小的古钱币仿制品。1983 年为了纪念中华全国集邮展览,中国集邮总公司发行一种镶有铜币的首日封。1984 年在发行第 23 届奥运会纪念邮票时,还发行了镶有金币和银币的两种首日封。

2. 尾日封

尾日封是指某种邮票、邮品准予通用的最后一日,贴有该票的加盖邮政日戳的实寄封或不实寄封。

"英国—香港殖民政府一九九七年六月卅日尾日封"

新中国旧币邮票(如 800 圆邮票)更换新币邮票(如 8 分邮票)时期,邮电部规定旧币邮票于 1956 年 4 月 1 日起停止使用,3 月 31 日的实寄封就是尾日封。1990 年 7 月 31 日中国邮政 40 年来第一次调整邮资,如平信邮资从 8 分提高到 20 分,那么 7 月 30 日寄出的实寄封就是老邮资的尾日封,而 7 月 31 日寄出的实寄封就是新邮资的首日封。1996 年 12 月 1 日进行了第二次邮资调整,平信邮资从 20 分提高到 50 分,同样 11 月 30 日的实寄封也是老邮资的尾日封。1999 年 3 月 1 日第三次把平信邮资从 50 分提高到 80 分也是如此。它们记录了一个邮资时期结束的具体日期。

同样,快信邮件的结束、航空信件的退出、新旧邮戳的更替和邮资已付戳的停用也都存在尾日封。

尾日封在邮政史邮集中具有重要作用。

▶ 四、首航封

在新航线开航的当天,首次航班运载的送到航线终端邮局或中途站邮局,经邮局实际投递,盖有收寄局和投递局日戳(集邮界又称落地戳)的信封称为首航封。首航封可以分为国际和国内两种。

首航封是记录航线首次飞行的历史见证物,它传达着多方面的信息,因而它是航空集邮者最重要的收集对象之一。首航封的特点是:封的正面符合当地航空邮政资费标准的邮资凭证,并以首航当日或前一日的邮政日戳销票;封上有表示"首航"起飞地名的文字或航线图、寄件人与收件人名称和地址,以及航空签条或戳记。封的背面有该航线的开通介绍、航线距离、飞行时间、每周班次、国际航班附有英文、到达地邮戳等。如果航班延误还要加盖"说明邮戳",有的首航封还有邮政局长或首航飞机机长、乘务长的签名。若当时航空邮路没有开通,而是通过首航班机代运了邮件,这种邮件一般称为"首航携带封"。有时,这种携带封没有寄件人与收件人的名称和地址,其他却是一应俱全,其重要性显然不如航空邮路的实寄封,但仍然是首航的见证物,具有集邮价值。一些国际首航携带封在当地邮局加盖落地邮戳时,被要求补贴当地邮票或加盖具有"邮资证明"。现在,首航封的概念有了新的发展,如一些临时性航线或包机,常常由邮票公司、航空公司或集邮组织专门印刷与制作首航封,图文十分精美,以满足航空集邮者与收藏者的需求。

"北京——斯德哥尔摩——哥本哈根"首航封

首航封可分为以下几类:

1. 航空公司类首航封。同一条航线,特别是一些国际航线,常有多家航空公司经营,每家航空公司在首次开通这条航线时,都可制作首航封。如中国民航于 1981 年 1 月 7 日首次开通了"北京——上海——旧金山——纽约"航线,制作有"北京——纽约"首航封;同年 1 月 28 日,泛美航空公司开辟了"纽约——东京——北京"航线,同样制有"纽约——北京"的首航封,虽然同为"北京——纽约"或"纽约——北京"的首航封,但属于不同的航空公司。

2. 机型类首航封。同一个航空公司,在同一条航线上更新机型时,也可制作首航封,这样就出现了同一航空公司的同一航线的不同机型的首航封。如北欧航空公司 1988 年 8 月 23 日使用 DC-10 型客机开辟了"哥本哈根——北京"的直达航线,北欧航空集邮俱乐部和邮人制有"哥本哈根——北京"首航封;1990 年 5 月 1 日,同一航空公司在同一航线上投入使用 B-

767 型客机,北欧航空集邮俱乐部又制作了"哥本哈根——北京"的更换机首航封。

3. 航线类首航封。同一航空公司的同一航线,因为途经地不同,也可制作不同的首航封。如汉莎航空公司于 1980 年 4 月 7 日开辟了"法兰克福——卡拉奇——曼谷——北京"航线;1989 年 4 月 30 日又开辟了"法兰克福——北京"的直达航班,也制作有首航封一种。

在收藏首航封的时候要注意以下几点:

1. 信封必须有"航空"二字,邮局出售的航空信封或贴有邮局印好的"航空"字样签条均可;

2. 必须盖有始航地点邮局的首航日期邮戳或首航纪念邮戳;

3. 航空班机到达终点后,航空信封上有当地邮局的投递日戳,邮戳应当清晰,能够看出地名及年月日;

4. 信封上的邮票一定要符合当时的航空邮资标准,不论多贴或少贴邮资,都会失去收集首航封的意义;

5. 在收集国际航线首航封时,如果在新航线目的地有熟人可以收信最好,如果没有,可以采取存局候领的方式,一般存局候领的国际函件 3 至 6 个月无人领取即被退回,因为邮局会知道这是集邮人制作的首航封(当然也有石沉大海的情形,而且首航日期也常因故改期,使集邮人白忙一场,这就更加增加了其制作难度与珍贵程度);

6. 投寄时间一定要掌握好,总的原则是使其赶上首航班机,一般在首航日前一二天投寄,若能同邮局联系一下确认最好。

▶ **五、太空飞行封**

由卫星、飞船等空间飞行器发送和回收的经邮政部门处理的封片,统称太空飞行封,也称航天封、搭载封。

太空飞行封是编组航天邮集的基本素材。

太空飞行封的特点是,在太空飞行过、封上有记载本次飞行的邮政戳记

或签条。戳记包括发射场装舱时盖的邮政日戳、开舱后盖的回收邮政日戳或邮政部门刻制的其他宣传性邮政戳记等。

发行太空飞行封最多的国家是前苏联和美国两个航天大国。1957年10月4日,苏联成功地发射了人类第一颗人造地球卫星。1961年4月12日首先实现了载人航天的梦想。苏联的成就惊醒了美国,肯尼迪总统制定了著名的"阿波罗登月计划",为美国宇航事业的发展奠定了基础。1963年11月22日,肯尼迪总统不幸遇刺身亡,为了纪念他在宇航事业方面的贡献,美国把最大的卫星发射场命名为"肯尼迪航天中心(Kennedy Space Center)",美国的许多太空飞行封就是在这里诞生的。

1969年1月16日,苏联联盟5号中的两名宇航员,向联盟4号飞船递送的邮资封,是世界上最早也是目前最昂贵的航天封。在1993年12月11日拍卖到了11万美元,不包括10%的佣金。另外根据统计,联盟14、15、21、23～33、36～40号,联盟T2、T6、T7、T9、T11、T12、T14,TM－3～TM－17等每次都携带1000枚以下的太空飞行封,邮件都带到空间站上加盖礼炮号、和平号特种邮戳后带回地面。由于伪品较多,这种封的价格不高,一般在200～450美元,个别的达1000美元。

美国最早的太空飞行封是1969年7月20日"阿波罗"11号登月飞行时,航天员带的214个封,封上均由3名宇航员签名,写有"由阿波罗11号带到月球"手写英文字样和宇航员手写编号,封上盖销1969年8月11日,美国得克萨斯州韦勃斯特邮政日戳。阿波罗12、13、14、15、16号飞行中,也带了少量的封,数量分别为87、50、55、641、25枚。其中发行量略大一些的阿波罗15号封,价格在5000美元左右,其余在1万美元左右。

美国以邮政部门和航天局名义发行的太空飞行封只有1种,是在1983年挑战者号航天飞机携带的纪念封,原计划搭载50万枚,实际上只装了一半左右,为26.19万枚。现在的市场价约为60～100美元。

中国是第3个制发太空飞行封的国家,1993年在第15颗返回式卫星上,搭载了4千多枚,但回收失败。1994年在第16颗返回式卫星上搭载了2846枚,回收成功。1999年11月"神舟"号飞船首次无人试飞时,搭载了

3387 枚,回收成功。同时,还有些个别单位搭载了部分太空飞行封,但是不同程度地缺少某些相关戳记。

2008 年中国航天员太空飞行纪念封——"神舟"七号宇航员

欧洲目前只发行了 1 种太空飞行封,是 1998 年 10 月 21 日"阿里安"5 号火箭试验舱搭载的 1980 枚太空飞行封。

▶ 六、邮电公事封

按照万国邮联的规定,凡是由各邮政机构或所辖邮局寄发的公事函件,均可免资,为了便于各国邮政人员识别,应在封上用法文注明:"SERVICE DES POSTES"字样。

▶ 七、原地封

原地封是指所贴邮票内容发生的原地寄发或销票的信封。信封上盖有根据所贴邮票的主题或主图确认的事件发生地或实体所在地的原地邮戳。也就是,原地封是由所贴邮票主题事件发生地或实体所在地邮戳销票的信封。经过实际投递和未实寄的信封都可以称之为原地封。原地封根据邮票主题或主图确定邮票的原地，一般原地只有一个，也有两个以上的。原地邮戳是原地封的要素之一，是区别原地封的唯一标准，直接影响原地封的精度。一枚好的原地封，邮票与邮戳珠联璧合，相映成趣。邮戳上的地名、日期，成为邮票主题或实体的补充说明，这就进一步深化了主题。例如：贴有陈嘉庚肖像邮票的信封，从他的诞生地福建厦门集美寄出，封上盖销有当地的邮政日戳或当地纪念邮戳的信封就是一种原地封。

原地封是新兴的趣味性很强的一个收藏专题，关于封的定义、分类、制作标准等还在讨论中。例如，除了诞生地外，逝世地、有关的纪念馆、重要的工作地点、其著作的发行地等算不算是有直接联系的发生地，哪一个更好？

我国集邮爱好者是制作原地封的热心倡导者和实行者，每当新邮发行前夕，为了赶在发行首日制作原地封，都在热烈讨论原地在何处，有时多家争论不休，如发行《董永和七仙女》邮票时就发生过激烈的论战。每当生肖邮票发行时，与所涉及的某种生肖动物的名称相关的邮电局和邮电所，都会收到大量要求加盖邮戳的信件。如，在"龙年"时，就可以加盖如下地名邮政支局的原地封：大连的"龙头"戳、安徽淮南市的"龙眼"戳、湖北洪湖市的"龙口"戳、江西信丰县的"龙舌"戳、贵州黎平县的"龙额"戳、四川云阳县的"龙角"戳、广东清远市的"龙颈"戳、陕西渭南市的"龙背"戳、浙江平阳县的"龙尾"戳、吉林农安县的"龙王"戳、广东龙川县的"龙母"戳、四川武胜县的"龙女"戳、四川青神县的"黑龙"戳、湖北襄阳县的"黄龙"戳、江西大余县的"青龙"戳、安徽肥东县的"白龙"戳等。这样可以制作出趣味横生的原地封，也可以组成一部洋洋大观的趣味邮集。

▶ 八、纪念系列封

我国发行了多种系列纪念封，都是在一些专印的信封上贴上邮票，加盖纪念邮戳发行，可以组成趣味性邮集进行欣赏。

1. 外展 WZ 系列封

主要为纪念外国在中国和中国在外国进行的邮展而发行,采用"WZ"志号。W1 发行于 1981 年 5 月 22 日,是为中国参加维也纳埃森国际邮票展览而发行。其中 WI～W24 的信封上没有印编号,从 W25 的"中印集邮展览·北京"开始,在信封上印了编号。

2. 国内 PFN 系列封

主要为纪念国内发生的重大事件或重大活动而发行的具有纪念意义的信封,加盖纪念邮戳,采用"PFN"志号。PFN 1 发行于 1975 年 4 月 8 日,为《中瑞首航》纪念封,其中 PFN1～PFN8 未在信封上印编号,从 1985 年 9 月 22 日发行的 PFN9《北京成人高等院校第一届运动会》开始,在信封上印了编号。

国际奥林匹克委员会专为 2008 年北京奥运发行了一组纪念封

近年来,我国还发行了一些新的特种系列纪念封,如建交系列封(编号为 PFFN·WJ),1999 年 5 月 10 日开始发行的航天系列纪念封,2001 年 12

青少年课外文体娱乐指南

月 14 日开始发行的教育系列封(编号为 PFTN·JY)等。

九、遇难封

遇难封的范围是很广泛的,是指从飞机、飞艇、热气球等的空难事故中,从船舶事故中或者从失事的火车、汽车中被抢救出来的信函。

因为每当遇难发生后,能够保存下来的信件不多,随手丢弃的不在少数,所以收集的难度较高。目前国际邮坛对遇难封的研究和收集比较重视。

1948 年美国一辆邮政车发生火灾,在抢救出来的邮件上加盖"因邮政车火灾损伤"的文字寄发出去,目前已经十分罕见了。

比较珍贵的海难封是在 1914 年"爱尔兰号"客轮上搭载的邮件,"爱尔兰号"客轮行驶在加拿大圣劳伦斯河上,与一艘货船相撞沉没,造成 1012 人死亡,被列为世界船舶十大事故之一。所搭载的邮件被潜水员打捞出来,加盖蓝色邮戳寄给了收信人。

知名的海难封还有 1912 年 4 月 14 日英国的"泰坦尼克"号在纽芬兰附近由于撞在冰山上沉没而结束了处女航行的幸存封,在 1988 年的拍卖中成为热点。由于同名电影的热播,就连一枚在豪华客轮中途停岸爱尔兰 Queenstown(昆士塘)寄出的"准海难封"也变得身价百倍。这是一位名叫卡默蓉的女士在船上使用了船上自带的印有船主公司标志的信纸书写的信件,她本人当年乘坐救生艇死里逃生。

空难封专指从空难飞机残骸中抢救出来的幸存信件。它是空难事故的历史见证。

对空难封的处理,国外通常是邮局在封上加盖空难戳记或加贴说明邮件因空难引起破损的特别批条。我国采用的是在封上加贴通知的办法。

在邮集中,对空难封的说明,应介绍该次空难的基本情况,如飞机型号、编号,事故的原因、日期和丧生人数等。

1937 年"兴登堡"号飞艇在美国莱克赫斯特着陆时爆炸起火,造成 36 人死亡,所搭载的邮件有 367 件幸存,这些空难封也比较有名,2001 年 5 月 18

日在瑞士的拍卖中,一枚封达到 85000 瑞士法郎,折合人民币 47 万元。

美国"9·11 事件"中,有一个空难封在纽约的街道上被捡到,寄信人是多纳·施奈德,封内装有一张 170 美元的支票,是为了支付旅行费用。一个月后,该封被退还给发信人。这是一枚在这次事件中仅存的空难封。

第二节　邮简和邮资信卡

一、邮简

邮简是介于明信片和信件之间的一种邮政用品,也称信简。邮简在出售时是一张纸,纸的一面如同信封的封面一样,可以写收件人的姓名、地址、邮政编码等;另一面则起信纸的作用,可由寄信人书写信件的正文。写完以后,按纸上的折线折叠起来即成一封信的形状。邮简是把邮资凭证、信封、信纸三合一的邮品,由邮政部门印制发行,分为印有邮资图和无邮资图的两种。在邮寄的时候不允许在邮简内夹寄其他信纸。

邮资邮简同邮票、信封一样,有着 100 多年的历史。它起源于欧洲早期邮政时期,人们习惯用单页纸写信后折叠寄出。1819 年,意大利南部的撒丁尼亚王国发行一种带水印的信纸,图案为骑马吹号的邮差,加盖邮戳后,售给人们寄信用。这是邮简的雏形。英国在 1840 年发行"黑便士"邮票和邮资信封的同时,发行了由马尔莱迪设计的邮简。简的正面绘有人们读信、写信、易货、邮运等内容的图案,两边印有邮政广告文字。这是世界最早的普通邮简,也是最早的美术广告邮简。其后,欧洲其他国家开始发行邮简。亚洲最早发行邮简的是日本,该国 1873 年首次发行了一套 6 枚普通邮简。

1918 年,中国首次发行邮资邮简,为竖式,规格为 84mm×145mm;邮资图为椭圆形,主图为麦穗,面值为 3 分;在麦穗图上方印有"中华民国邮政"

字样,下方印有"邮制信笺"字样。

1950 年,中华人民共和国首次发行"普东 1"天安门图邮资邮简,面值为 5000 元东北币。由此开始形成了东北区邮资邮简系列,编号是"PJD"(普、简、东)。这个系列只发行了 2 年。1952 年开始,我国又发行了普通邮资邮简,编号为"PJ",只存在了 9 个多月。这两个系列邮资邮简都是建国初期的"匆匆过客",目前在邮市上很难见到。全套国家牌价虽已超万,但也是有价无货。

1999 年 11 月 12 日国家邮政局又发行了《中国 1999 世界集邮展览》邮资邮简一套 2 枚,编号 YJ1。供应对象为集邮协会的注册会员。作为一个系列的龙头,这一套的投资价值是毫无疑问的。

邮资邮简分为普通型、美术型、纪念型和航空型。其中国际航空邮简(Aerogrmme)的邮资较国际航空信件低廉,目的是为了刺激人们多多使用它。

1. 普通邮资邮简

普通邮资邮简指印有普通邮票图案的邮资邮简。封面只印有收信人和寄信人姓名、地址等栏目和邮资图,没有其他纪念性、宣传性文字或图案花饰。如中国 1952 年至 1953 年共发行天安门邮资图普通邮资邮简 4 组,均为直型。第一组红框邮简 4 枚;第二组北京风景邮简 4 枚;第三组剪纸邮简之一;第四组剪纸邮简之二,8 枚。

2. 美术邮简

美术邮简是为介绍特定事物,封底印有各种美术图案的邮简。

3. 纪念邮简

纪念邮简指为纪念某一事件而专门印刷、发行并印有相关纪念图文的邮简。纪念邮简包括有邮资图与无邮资图两种。如 1985 年 12 年 5 月美国发行印有"1835—马克•吐温—1910—哈雷彗星—1985"字样的纪念邮简等。

4. 军用邮简

军用邮简是印有"军邮"或"军邮免费"字样,专供现役军人使用的邮简。

如 1950 年中国发行的普东 1 天安门图优军邮简（即东北用，优军邮资邮简第一套），全套 5 枚，为优待解放军战士而发行，邮资比照同期的国内信函减半收。

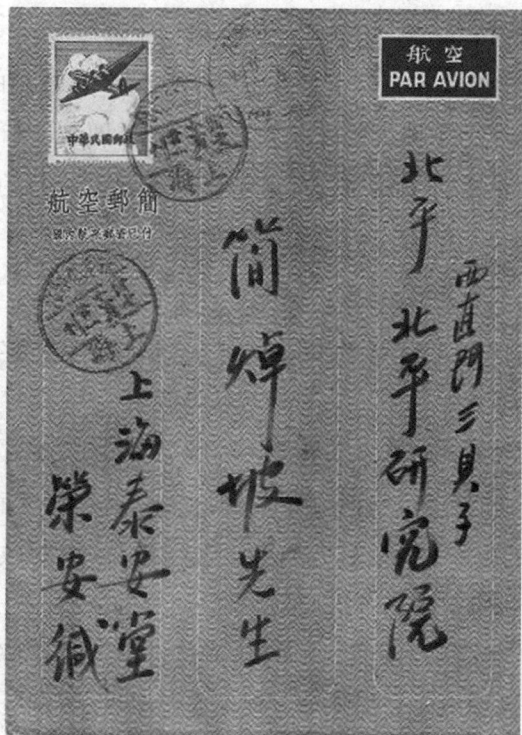

航空邮简

5. 国内航空邮简

国内航空邮简是供国内寄递的航空邮简，只能在邮简发行的所在国内使用。我国于 1948 年第一次发行了国内航空邮简。这是一种邮资已付航空邮简，为竖式。邮简的正面右上角印有航空标识，左上角则有形似邮票的飞机图案，并印有"航空邮简"、"国内航平邮资已付"文字，但无面值。随着各国公路、铁路建设的发展与高速化、网络化，邮政传递速度也相应加快，因此，国内航空邮简的发行与使用已逐渐减少了。

6. 国际航空邮简

国际航空邮简指供国际寄递的航空邮简。邮资通常低于国际航空信函，但不可装信纸和任何物件。国际航空邮简又可以分为无邮资国际航空邮简、有邮资国际航空邮简、邮资已付国际航空邮简。

1948年中华邮政发行过国际航空邮简，不含邮资，使用时另贴邮票。中华人民共和国成立后，中国人民邮政发行了无邮资图的国际航空邮简。

目前，各国广泛发行和使用国际航空邮简。其发行目的、图案设计等日益多样化，成为许多集邮者专门收集的对象。

7. 邮资已付(或预付)国际航空邮简

指在邮资凭证图案上印有"邮资已付"或"邮资预付"文字的国际航空邮资邮简。

邮资已付国际航空邮简除具有前述的邮简特点外，还有以下特点：

(1)邮简售价按发行国当时规定的国际航空邮简邮资而定。一旦邮资提高，邮简售价自邮资变动之日起自动调整。这样，对邮政部门来说，不必因邮资调整而重新印制邮简，可以照常满足用户的需要。

(2)邮资调整提高后，以前售出的邮资已付国际航空邮简，不必加贴邮票而继续使用。这对用户来说十分方便与合算，一次多购一些也没关系。

(3)常多枚成套发行，更受用户和集邮者欢迎。

8. 无邮资国际航空邮简

无邮资国际航空邮简指未印有邮资图案的国际航空邮简。投寄时需按规定贴足邮票。

新中国成立以来，邮电部曾先后5次发行无邮资国际航空邮简，它们是：

(1)1956年左右向中折合型。

(2)1960年田字型向右折合，有"中华人民共和国交通部邮电部印制"文字。

(3)20世纪70年代初田字型向右折合，有"中华人民共和国交通部邮电总局印制"文字。

(4)20世纪70年代田字型向右折合,有"中华人民共和国邮电总局印制"文字。

(5)1979年目字型向上折合,有"中华人民共和国国电部印制"、"邮2612"文字。

上述5种无邮资国际航空邮简的正面左上角都印有"国际航空邮简"的标识。邮简的尺寸、纸色不尽相同。而最后一种可从标识、文字字体等区别,分多种版式。

同时,非邮政部门印制的无邮资国际航空邮简,在外国经常可见到,特别是民航公司、酒店业印制的较多。一般在邮简上均印有单位名称、标记等。我国在20世纪80年代也有出现,如中国民航印制的航空邮简。上海扬子江大酒店也曾印制过。这种非邮政部门印制的无邮资航空邮简,往往是为了宣传本企业的形象、扩大影响,赠送顾客使用的,属非卖品之列。

9. 有邮资国际航空邮简

有邮资国际航空邮简指在邮简正面右上角印有邮资凭证的国际航空邮资邮简。由国家邮政部门正式发行,通过邮局或自动售机向用户出售。邮资图上有面值,一旦调整提高了邮资,使用时可加贴邮票后投寄。至今,世界上大多数国家和地区都发行过有邮资国际航空邮简。

近年来,一些国家(地区)常结合国内国际重大活动或事件,专门设计、发行纪念性质的国际航空邮简。如所罗门群岛为纪念1992年美国芝加哥世界邮展而发行的国际航空邮简。一般地讲,纪念性质的航空邮简多为有邮资的国际航空邮简,有时还是一套由数枚组成,甚至形成系列,分年度陆续发行。这样,有邮资的国际航空邮简以题材广泛、设计精美、由邮政部门发行等原因,更为众多集邮者喜爱和收集。

▶ 二、邮资信卡

邮资信卡就是邮政部门发行的对拆式不需套寄的交通信卡片。邮资信

卡综合了明信片和邮简的特点,外形似明信片,使用方法似邮简。信卡折叠后的正面书写收、寄件人名址,信文写在里面,邮寄时对折,将三个边齿孔外的边纸粘住,信文不公开。收件人沿齿孔撕掉边低即现信文。邮资信卡在欧美等国发行使用最早也最多。进入 20 世纪 20 年代后,邮资信卡逐渐被邮简所替代。

1881 年法国首先发行了邮资信卡。接着比利时于 1883 年,丹麦于 1885 年,摩纳哥、匈牙利等国在 1886 年相继发行了邮资信卡。1893 年上海工部局书信馆发行了 3 种在我国境内最早流通的邮资信卡,此后,烟台书信馆和法国在华邮局也发行了邮资信卡。1919 年中华邮政首发邮资信卡,使用薄卡纸印制,正面印有:邮资图、法文信卡"CARTELETTRE"的字样和"中华民国邮政邮制信笺",三边打锯形齿。

二战结束以后,由于航空邮简具有印制成本低廉、使用轻便快捷的优点,而取代了邮资信卡。50 年代以后只有瑞典、挪威、比利时等少数国家仍然发行过邮资信卡。

1996 年,香港地区为祝贺圣诞节、新年而发行了两套邮资信卡。接着每年都发行祝贺圣诞节、新年的邮资信卡,已成系列。1998 年香港发行了一套 12 枚的邮资信卡,其邮资图和背图选用了香港的自然人文景观,由于其设计新颖,背景图案绚丽多彩,而引起专题集邮者的兴趣。

我国国家邮政局于 2000 年 12 月 1 日发行了两种无面值的"邮资已付"邮资信卡,供圣诞节、新年使用,为邮政用品增加了一个新品种。我国发行的邮资信卡卡幅尺寸都是 186mm×128mm,展开尺寸是 186mm×256mm。

新中国发行的邮资信卡

编号	名称	面值/分	票幅/mm	售价/元	发行时间
XK1	圣诞快乐	无	33×33	2.0	
XK2	新年快乐	无	33×27	2.0	2000 年 12 月 1 日
XK3	老师您好	80	26×32	2.0	2001 年 8 月 20 日
《教师卡》	老师感谢您	80	45×23	2.0	
XK4	久候的礼物	80	31.5×29	2.0	
圣诞卡	东方的乐土	80	31.5×29	2.0	2001 年 11 月 25 日
	东方的乐土	250	31.5×29		
	久候的礼物	540	31.5×29		
XK5	流光溢彩	80	31.5×29	2.0	
贺年卡	繁华锦绣	80	31.5×29	2.0	2001 年 11 月 25 日
	繁华锦绣	250	31.5×29		
	流光溢彩	540	31.5×29		
XK6	生日快乐	80	33×33	2.0	2002 年 6 月 1 日

第三节　明信片

　　明信片简称"片",由邮政部门或其他部门按一定规格及纸质需求,印制发行的一种硬纸卡,供通信使用,不需另装封套,信的内容公开。

　　明信片以件为计费单位,一般邮资低于信函邮资。

　　按万国邮联的规定,明信片的尺寸规格为:最大 148mm×105mm,最小 104mm×90mm。

　　我国邮电部规定,只有邮电部才可以发行邮资明信片和使用"中国人民邮政明信片"字样(1992 年起改为"中国邮政明信片"),也称"邮制明信片";非邮政部门只能使用"明信片"或"POST CARD"字样,且不准印邮资图;地方邮局可以使用"中国人民邮政明信片"字样,但也不准印邮资图。

明信片分为带邮资图和不带邮资图两种。带邮资图的一般称为"邮资片"。

不带邮资图的明信片,贴上邮票邮寄,使用过以后,绝大部分不能编入竞赛级邮集,只能凭爱好收集,供制作趣味邮集进行自我欣赏用。少数可以制作极限片,成为极限片爱好者追逐的对象。

带邮资图的明信片,对于专题集邮来讲,浑身都是宝,所有上面的图文都可以作为专题邮集的素材。现在专题邮集由过去的以邮票为主,转变为以封片戳为主,邮票只占邮集中的 30% 左右,所以收集邮资片是很重要的。

▶ 一、世界上第一枚明信片的诞生

明信片源于欧洲,世界上正式发行的第一枚带邮资图的明信片是由奥地利在 1869 年 10 月 1 日发行的。

但最早提出发行明信片的人却是德国的邮政总长司蒂芬(Heinn'Ch Von Stephan,1831~1897),建议的来源,是受到德国画家莱特斯姆的启发。有一次,该画家在一张硬纸上画了一幅美丽的画,背面写了几句庆贺朋友新婚的祝福,可是一时找不到大信封,邮局职员建议他把收信人姓名、地址写在背面,不另用信封直接寄出。司蒂芬知晓后,1863 年就向德国政府建议发行明信片,他认为这样可以简化通信手段,降低邮寄费用,可惜他的建议未被采纳,却是后来的奥地利政府采纳了本国教授汉门的建议,在发行明信片方面领了先。

原先认为邮资明信片是世界上最早的明信片,但最近的发现改写了历史,英国邮政史学家爱德华·普劳德于 2002 年 2 月 19 日宣布:世界上第一枚明信片是 1840 年一个名叫胡克的人使用的,他在明信片的背面绘制了一幅讽刺画,正面贴有黑便士邮票一枚,这枚明信片是胡克寄给他自己的。经专家鉴定,该明信片是真品。2002 年 3 月 18 日,这枚世界上的"第一张明信片"在伦敦邮票交易中心被拍卖,一名拉托维亚的邮票收藏家通过电话竞拍的方式,以 3 万 1 千多英镑(合 44300 美元)的价格将明信片买走。

因为明信片使用简便,深受欢迎,奥地利在发行的当年就销售了5000万枚。以后各国竞相仿效,如今已是世界各国普遍采用的通信方式之一。

二、中国明信片的开端

1."商埠"邮资明信片

1874年,上海工部局书信馆首先发行了邮资明信片,邮资图是该书信馆发行的第二版"小龙"邮票的图案,片幅为120mm×75mm,纸质厚而挺实,纸面光滑,横式,标头加了英文"SHANGHAI LOCAL",此片是在中国领土上发行流通最早的邮资明信片。以后该馆又发行两种邮资明信片。而其他商埠邮资明信片发行的情况是:

烟台:3枚,邮资图为烽火台。镇江:2枚,邮资图为镇江金山景色。九江:1枚,邮资图为帆船和宝塔。重庆:2枚,邮资图为风俗画。

我们认为这些邮资明信片同商埠票一样,虽然在中国曾经使用,发挥过邮政功能,但不是国家发行,不能算中国早期邮资明信片。

2. 大清邮政邮资明信片

大清邮政邮资明信片共发行了四版七种。

1897年10月1日发行了第一套——"团龙图"邮资明信片,俗称"清一次片",是国家邮政部门发行中国邮政用品的起源。

邮资明信片方便实用,但是当时国人因受传统理念的束缚,不愿意公开私人的通信内容,所以不接受"明信"这种方式,因此,"清一次片"主要是供在华的外国人使用。因当时中国没有加入万国邮联,凡是寄往国外的明信片必须加贴已经加入国在华的客邮才可以寄往世界各地。

因为大清邮政总邮政司由外国人把持,他们深知中国人不接受明信片的方式,所以明信片的设计、印制、发行都由外国人一手经办。设计者是德国人费拉尔。最初设计的邮资明信片为横式,邮资额和"大清邮政"四个字置于双层套圆之中,套圆两侧双龙跃立,下方飘带内写有英文"帝国中华邮政",整个图案颇似欧美国家的国徽、城徽,体现了中西文化相融风格,独具

风采,但不知何故未被采用。

邮资明信片最后采用的是竖式,椭圆形的邮资图中含上下两个圆,上圆内画有龙、祥云,下圆内置面值和万年青图案。龙是大清国的图腾,万年青象征着不朽。"大清国邮政"的汉文和英文分别布置在椭圆的上半环和下半环。"清一次片"是在日本的筑地印刷所石印,一来价格便宜,二来考虑到中国汉字在欧洲总是雕刻不好,在日本则能出色完成。图文为粉红色,卡纸的纸质较薄而软。由于成本较低,质量与同期欧片比较相差很多,新片也难见到四角尖尖的上品,纸色为浅米黄色,呈灰暗,因而图文显得不鲜艳,有陈旧感。"清一次片"使用者大多为外国人,多数寄往国外,所以国内盖销片很少见,价格高于新片。

"清二次片"的图案和风格与"清一次片"相同,区别在纸质和厂铭上。二次片由英国伦敦华德路公司承印,明信片的下方印有厂铭"Waterlow&Sons,Limited,LondonWall,London,E,C",这是中国唯一一套印有厂铭的明信片。其纸质光滑,厚而硬,刷色鲜艳,质量远远胜于一次片。"清二次片"使用的阶段,正赶上1900年至1902年列强侵华,德国利用二次片加盖了各式军邮戳,当作军邮免资片使用,留下了侵略者的罪证。这次还同时第一次发行了双明信片。

万国邮联规定,国内明信片必须使用绿色。而清一次片、二次片均为红色,不符规定,大清邮政为了加入万国邮联,对各地库存的剩余片集中到上海、天津、广州、汉口和福州进行加盖英文"SOLD IN BULK"(整批销售)后批量整包打折出售,每包50枚。一次片售价为面值的十分之一,二次片对折。加盖戳因各邮局自行刻制,规格形式、加盖颜色、销戳位置等不统一,可以分辨出加盖地点。加盖的二次片总量为40.6万(总发行量为69万),双片总量为5.6万(总发行量为40万),加盖的一次片数量很少,较为难得。

1907年10月1日"清三次片"问世,也是既发行了单片也发行了双片,颜色改为绿色。双片正常的版式应该是正片在右方,向左折叠。但发现了双片的右折片,正片在左方,向右折叠,据考证,目前这种双片存世仅11枚,比较珍罕。

"清四次片"改为绿色横式,1908 年 4 月发行,取消了边框线,按万国邮联的规定,在"大清邮政明信片"文字的上方各加印法文"CARTE POST-ALE－CHINESE",在下方增加 T 字线。

3."中华民国"邮资明信片

1912 年"中华邮政"首先在清代第四版团龙明信片上加盖"中华民国"字样发售,接着在 10 月份发行了五色旗明信片,这是民国时期正式发行的第一种明信片。

▶三、免资片

免资片是邮政部门发行或经邮政部门批准发行的免费寄递的明信片。

免资片的发行,原因多为战争军用、自然灾害或纪念、庆祝和宣传某一重要事件等。免资片上常印有或盖有表示免资的文字或图案,一般限期、限地区使用,只能按平常函件免费交递。

我国最早的免资片发行于 1918 年 10 月 10 日,为"中华民国七年双十节纪念明信片"。1929 年的"西湖博览会",发行了 36 种免资片,片上无邮资图,但经邮政部门批准在博览会附设的临时邮局可以免费邮寄,是比较名贵的一套免资片。

1983 年 10 月 9 日上海邮电管理局为纪念世界通讯年发行了一种只在本市范围内使用的免资片,免费寄递的时间为一周,是新中国的第一张免资片。河北邯郸邮电局 1991 年 9 月 14 日发行了赈灾免资片,其他城市也发行过类似的免资片。

▶四、"未发行邮资明信片"和错片

未发行邮资明信片是指邮资明信片印制完成后,因故没有发行的邮资明信片。其原因多数是因为图文内容设计有错误或不符合要求,或者政权更迭等。

1902年,美国为纪念遇刺身亡的威廉·麦金利总统,印制了一枚邮资明信片,面值1美分。该邮资明信片因总统遗孀对印刷质量不满意而未能发行,决定由邮政部门集中销毁。但其中有一包(500片)明信片卖给了一家垃圾处理公司,谁知公司没有舍得处理掉,进行了"废物利用",将邮资明信片印上公司名址作为内部工作记录卡使用,在一次火灾中烧掉不少,所存无几。后来被集邮者发现,20世纪90年代,美国标价为5000美元。

1990年5月17日我国准备发行已经印好的JP22《香港中银大厦落成纪念》邮资明信片,后来发现英文翻译有误,决定停止发行,集中销毁。但是在规定的发行日期之前,已经有7万多枚流入集邮者手中。后来邮电部又发行了新的JP22《国际第31届数学奥林匹克》。未发行的JP22《香港中银大厦落成纪念》后来被称为"片蓝","片蓝"是人们约定俗成的叫法,是相对于邮票《全国山河一片红》约定俗成的叫法"片红"而言的,目前价格也比较高了。

第四节　极限明信片

极限明信片是用一枚美术明信片,在明信片图画一面贴一张同图案邮票,并在邮票和明信片上加盖相关邮戳制成的。

极限明信片的收集是集邮活动是一个类别,它以制作、收集、欣赏、研究极限明信片为主。世界最早的极限片出现在19世纪末,由旅行者偶然在寄送明信片时将邮票贴在有相同图案的明信片上形成。集邮者有意识地去制作极限明信片应是1910年之后。1944年12月2日,在法国成立世界上第一个极限集邮组织"French Maximaphiles"。最新的《FIP极限集邮评审专用规则》于2004年9月在新加坡通过。

▶一、极限明信片的必备条件

满足以下条件制作的明信片才能称为极限明信片(Maximum Postcard)：首先要有一张有图案的邮政明信片；贴上一枚与明信片的主题和谐一致的邮票，邮票贴在明信片带图案的一侧；盖销上一个与邮票和明信片内容相关的邮戳。

关于"和谐一致"的理解：

1. 对明信片的要求

明信片上的画面图案必须与邮票图案一致、相似或相关，但不能采用放大了的邮票图案（名画例外）。比如一枚飞翔的鹈鹕鸟图案的邮票，贴在一枚鹈鹕鸟捕鱼图案的明信片上，二者图案一致。如果贴在一枚丹顶鹤图案的明信片上，虽然二者都是鸟类，但图案不一致。如果贴在一枚只有鹈鹕鸟蛋图案的明信片上，二者的图案可以称为相关。

明信片以摄影图案为最佳；画面至少应占片幅的 75％以上；所采用的明信片发行时间距邮票发行时间越远越好，即"新票"配"老片"。明信片的尺寸应该是标准的，即 90mm×140mm（明信片的尺寸≤105mm×148mm）。

2. 对邮票的要求

所贴邮票必须是邮政有效的，且品相完美。1974 年以后制作的极限明信片上，只能贴一枚邮票，因为该年批准了极限集邮的国际条例。

3. 对邮戳的要求

邮戳以相关邮局的最好，用纪念邮戳也行。邮戳日期与邮票发行日期相同或者尽量靠近；如在鹈鹕鸟制作的极限明信片上，盖鹈鹕鸟保护区邮局的邮戳最好，盖上发行鹈鹕鸟邮票时所刻制的纪念戳也行，随便盖上一枚与鹈鹕鸟无关的邮戳不行。

▶ 二、极限明信片的发展

极限明信片于 19 世纪起源于欧洲，当时一些国外旅游者给家人寄明信片时，偶然把该国的邮票贴在相关的明信片上，无意制成了极限明信片。后来被集邮爱好者发展成为一个独立品种。国际上有组织、有目的地收集极限明信片是从 1947 年开始的,这是因为第一届极限集邮国际会议是 1947 年 9 月 11 日至 14 日在法国第戎召开的。

1945 年以前制作成的,通过邮政系统真正寄递的极限明信片是珍品。

我国集邮总公司于 1982 年采用志号"MC"发行了系列极限明信片,如 MC2《辽代彩塑》极限明信片(此片属于不规范片,画面图幅小于整个片幅的三分之二。标注"极限明信片"字样纯属画蛇添足)。

目前,极限明信片在国内外邮展中被单独列为一个独立类别。

▶三、最佳极限明信片的制作

极限明信片融片、票、戳为一体,反映同一主题,制作难度大,趣味性强,深受集邮爱好者的喜爱。特别是有些戳,时间性很强,一旦错过机会,就再也盖不上了。

极限明信片不需要通过邮政系统寄递,且以个人制作的为佳。

目前对制作极限明信片的某些规则仍在讨论和完善中。

第五节　邮资明信片

邮资明信片(Stamped Postcard)是在正面印有邮资符的明信片,简称邮资片。

邮资明信片可分为三种:普通邮资明信片、美术邮资明信片和特殊用途的邮资明信片。

普通邮资明信片包括普通加印邮资明信片和加盖邮资明信片等。

美术邮资明信片在我国有好几个系列,如纪念邮资明信片、特种邮资明信片、风光邮资明信片、贺年邮资明信片、贺年加印企业拜年邮资明信片等。

特殊用途的邮资明信片,有免资邮资明信片和航空邮资明信片等。

青少年课外文体娱乐指南

一、普通邮资明信片

印有普通邮资图的邮资明信片称为普通邮资明信片（Postcard）。

(一)普通邮资明信片的基本种类

普通邮资明信片分为以下几种：

(1)本埠普通邮资明信片（Local Postcard）：是指印有寄往本埠邮资的明信片。

(2)外埠普通邮资明信片（Domestic Postcard）：是指印有寄往外埠邮资的明信片。

(3)国际邮资明信片（International Postcard）：是指印有寄往国外邮资的普通或航空邮资明信片。

(4)双明信片（Double Postcard，Postcard With Reply Paid）：双明信片又名"回信邮资已付"明信片，简称双片。是一种两张对折的明信片，一张为"正片"，供发信人使用；另一张为"副片"，供收信人回复使用。两张片上都印有单程邮资图，由发信人付双片邮资，即预付回信邮资。寄信时只盖销正片，收信人撕下副片写回信。

双明信片由瑞士 1875 年首制，我国最早发行于清代 1898 年。中华邮政时期曾多次发行。新中国未发行过双明信片。万国邮联于 1969 年宣布取消了国际双片。

(二)日本的普通邮资明信片

日本的第一枚普通邮资明信片发行于 1873 年 12 月 1 日，为双折式。到 1988 年底，共发行了 42 套 87 枚。邮资图均为单色印刷。

日本最早的国际邮资明信片发行于 1877 年 11 月 20 日，全套 3 枚，到 1988 年 4 月，共发行了 23 套 42 枚。其邮资图绝大多数是单色印刷，多为本国名胜古迹，有富士山、姬路城、松本城、奈良、濑户内海等。

(三)新中国的普通邮资明信片

新中国于 1952 年 1 月首次发行了带天安门邮资图的外埠普通邮资明信片,面值为旧币 400 圆,正好是当时外埠信件邮资的一半。

我国在 1984 年以前的 35 年间只发行过 7 套普通邮资明信片。邮资图除了天安门外,还有"故宫角楼"、"陆军战士"、"大会堂"、"北海"和"颐和园"等,单色印刷,比较单调。

自 1992 年以来,普通邮资明信片开始加大发行力度,1992 年、1997 年、1998 年各发行了 1 种,1999 年发行了 8 种,2000 年发行了 9 种,2001 年发行了 23 种,票面设计得越来越漂亮,题材多样化,有的品种是直接为用户做广告使用而发行的。普通邮资明信片发行速度的增加,一方面受到集邮爱好者的欢迎;另一方面,其增加的速度令人担心,有泛滥的趋势。

我国还发行了普通邮资明信片的加印片。

加印片是泛指在普通邮资明信片上加印其他图案,多为宣传环保、重大事件、单位产品和形象等内容,目前已发行了万余种。

我国普通邮资明信片的代号为 PP。

▶二、美术邮资明信片

(一)纪念邮资明信片

纪念邮资明信片(Commemorative Postcard)是为纪念某一重大事件或活动,而特别印有纪念图文的邮资明信片,其邮资图都是专门设计的。

世界上最早发行的纪念邮资明信片,有的说是 1890 年英国发行的《纪念黑便士诞生 50 周年》,有的说是 1893 年瑞士发行的《纪念苏黎世发行邮票 50 周年》。

1927 年 3 月我国首次发行了"纪念交通银行成立 20 周年"纪念邮资明信片,邮资图是帆船,片的正面还印有交行的广告,背面印有天津、上海和汉口三地该行的行址及交通设施图。

新中国自 1984 年采用"JP"志号发行了纪念邮资明信片。JP1 全套 16 枚,是《中国在第 23 届奥运会获金质奖章纪念》,如今这个系列已经发行了 100 多种。在发行纪念邮资明信片的同时,中国集邮总公司和北京集邮公司都刻制了相应的纪念戳加盖,更增添了明信片的风采。

许多国家都发行了系列纪念邮资明信片,如苏联从 1971 年 4 月 12 日发行首套《人类首次在宇宙飞行十周年》开始,到苏联解体,共发行了 230 种。前苏联的纪念邮资明信片题材广泛,从在本国召开的各种国际、国内会议,到国内外著名艺术家及其作品;从卫国战争到国内建设成就;从马克思、列宁到莎士比亚,展现了众多宇航员、元帅、士兵、科学家、演员等的风采。邮资明信片突出了国际性,把世界人类的文化精华都介绍给本国人民。苏联解体以后,许多邮资明信片流入中国,使集邮爱好者大开眼界。

日本的第一套纪念邮资明信片发行于 1936 年 11 月 7 日,到 1988 年 4 月,共发行了 62 套 68 种。早期邮资图为单色,后来均为彩色。纪念的事件有:宪法公布、邮政明信片发行 75 周年、敬老日、母亲日、成人日、国土绿化、国民体育大会等。

日本还发行一种名为《暑中见舞》的纪念邮资明信片,为日本特有的消暑明信片,因为日本传统中有在炎热的夏日向亲朋好友问候的习俗。邮资图的色调为蓝、绿色,图案多为纳凉的扇子、树上的蝉、水中的鹤、塘中荷花、切开的西瓜、荷叶上的青蛙、湖中帆影等。《暑中见舞》邮资明信片首发于 1950 年 6 月 15 日,至今已发行了百余枚。

世界上各国发行的纪念邮资片有很多,受到专题集邮爱好者的欢迎。

(二)特种邮资明信片

特种邮资明信片是我国于 1994 年 1 月 5 日新开发的一个系列,采用"TP"志号。其概念的理解可以参考特种邮票。

青少年课外文体娱乐指南

(三)贺年邮资明信片

顾名思义,贺年邮资明信片(New Year Stamped Postcard)是专供人们恭贺新年使用的邮资明信片,片上常印有相关图案和以示问候、祝愿、庆贺等的吉利语言。

贺年邮资明信片最早发行的国家是日本。在日本,新年互寄明信片向亲人、朋友表示祝福已经成为民间习俗。日本第一枚贺年邮资明信片发行于 1949 年 12 月 1 日,并且上面印有对奖号码,奖品是当年贺年邮票的小全张《猛虎下山图》,如今仍然坚持末等奖为贺年的(生肖)小全张,贺年小全张不单独销售。到现在,有奖贺年(生肖)小全张已成为一大系列。

这一措施极大地激发了人们购买有奖贺年明信片的兴趣。每年的发行量都在几亿到几十亿枚,如 1958 年发行了 6 亿枚有奖明信片和 1.7 亿枚无奖号的明信片,1978 年发行了 21.5 亿枚无奖和 5 亿枚有奖明信片。贺年邮资明信片的发行一直没有间断,也已经成为系列。发行时间多为 11 月,至今已经发行了 100 多枚。邮资图为红色,图案一般选择吉祥物,如仙鹤、梅花、牡丹、扇子、宝船等,充满了喜庆气氛。贺年邮资明信片分为背后有图案和无图案两种,背后无图案的可进行二次加工,如加印个人或家庭照片、通用年历等。

前苏联也发行了许多贺年邮资明信片,图案设计得欢快活泼。

我国从 1981 年首次发行庆贺 1982 年的贺年邮资明信片,采用"HP"为志号,HPl 为两枚,邮资图采用狗形灯笼和黑天鹅、白天鹅为图案。

从 1992 年的猴年开始,中国在贺年明信片上增加了兑奖内容,枚数基本固定在 12 枚一套。邮资图采用生肖图案。奖品曾经有过"兑奖邮资明信片"和无邮资明信片。从 2001 年开始,向日本学习,末等奖是生肖小版张,专供兑奖用,不单独出售。

(四)风光邮资明信片

风光邮资明信片(Landscape Stamped Postcard)是为宣传本国风光名胜

而印制的带有风光名胜图案和风光名胜邮资图的明信片。许多国家都发行过风光邮资明信片,这是一个热门题材。

日本风光邮资明信片发行于 1985 年 4 月 23 日,至今已发行了近 2000 枚,多以本国旅游风光风景为主。

新中国自 1984 年 8 月 20 日起,开始发行系列风光邮资明信片。从第一套《桂林山水》起,到第 16 套《湖北风光》止,采用"YP"为志号。从 1995 年 5 月 18 日发行《河北风光》以后改为"FP 为志号,重新排号。每次同时发行 A、B 两组,各 10 枚,两组图案相同,A 组为国内邮资,B 组为国际航空邮资,该系列原先是以表现独特风光为主,如 YP1 为《桂林山水》,YP2 为《黄山风光》,但以后转为以介绍各省风光为主。至今已经发行了几十套。

(五)广告明信片和我国的企业拜年卡

此两种是为企业刊登广告的邮资明信片。

日本从 1981 年 7 月 7 日开始发行全国版的广告明信片,发行量在 700 万枚以上。同时日本还发行准全国版和府县版的广告明信片,目前已达数千种。日本的广告明信片均带邮资,广告图案面积占全片的三分之一左右,收集多了,它就像一本百科全书,向各界展示日本的方方面面,日本人对它情有独钟,送以爱称"Echo",意为回声。

在我国,经邮电部批准,以贺年邮资明信片邮资图为载体的加印片,称为企业拜年卡,开始人们称它为"企业金卡"。属于以宣传企业形象和产品为主的广告片。

"企业金卡"的发端,先是由中国科技日报社广告处创意,再与邮电部联手,从 1993 年开始发行,分为广告卡和保险卡两类,1993 年共计发行了 15 套 41 枚。最初的想法是通过广告意识浓厚的新型贺年卡将著名企业推向社会。开始没有单独编号,算作贺年邮资明信片的特殊品种。可是由于企业金卡连年大幅递增,自成体系,所以,从 1996 年开始,以"BK"为志号,单独加印编号,并采用各省的简称编号,如 BK(吉)1996—001,为吉林省的编号,

BK(京)1996—001为北京市的编号,一直到2000年(2000年的湖北除外)。从2001年开始,各省简称又以数字号码代替,如BK(700)2001—001,其中"700"为吉林省,后来又以"701"代表"长春",702代表"吉林市",记忆起来颇费脑筋。

企业金卡具有浓厚的地方特色,发行的区域性强,收集难度较大;其题材信息丰富,涉猎面较宽,放在专题邮集中可以弥补邮票题材的不足;每种的发行量不大,绝大多数在5000～10000枚之间。企业金卡在发行之初受到集邮爱好者的欢迎,发行工作开始也比较严肃,1994年发行了68套87种,1995年为538套642种,1996年发行600余套787种,1998年2692种,年年呈大幅度递增趋势。自2000年以后,有泛滥的趋势,每年发行的品种达到近万种,制作水平也是良莠不齐,一般人收集齐全已经不可能,许多爱好者采取专题式方法收集。

第六节　邮戳收集

邮戳一词有两种含义,一种是作为邮政部门为实施作业程序,并表明对某项邮政业务的处理方式、方法的结果要留下一个印记为凭证而采用的一种盖印记的工具,即戳具,在邮政部门内部口语中称之为邮戳,全称邮政日戳。其上一般标明邮件寄出收到的时间地点,邮政日戳独具时间管理功能,是邮件传递时间和时限的查询依据,也是研究邮政发展和集邮收藏的重要项目。

另一种是在集邮用语中对邮政戳记的简称,也叫"邮戳"。它的广义涵义是指邮政部门在其业务范围内使用的加盖在邮件或邮政业务单式上的各种戳记的总称;它的狭义涵义仅指邮政日戳及可以用来盖销邮票的戳记。集邮界所指的"邮戳"一词,不是指邮政业务用的戳具本身而是指其印样,所研究的邮戳内涵也是指广义涵义的邮政戳记。

在这里我们说的邮戳指的是邮戳的第二种含义。

► 一、邮戳家族演变

与邮票相比,邮戳的知音似乎不多。其实,论起辈分来,邮票在邮戳面前也只能谦称晚辈。据考证,邮戳最初起源于古埃及。早在公元前 2575 年,奉当时的执政法老之命,就已开始在信上加盖邮戳,用以标明发送的城市。这位法老看来还是个邮戳爱好者,他曾搜集了 186 枚灰、红两色的印戳,如今原样珍藏在大英博物馆里。

邮戳在东西伯利亚也源远流长。当时,曾流行在陶器片上写信,再封装在陶器盒里。而为了防止局外人好奇偷看,发信人就用玉石或条纹玛瑙雕琢成私章,在湿粘的陶器盒封上打戳。这种私章中间有横贯漏孔,可插入小棒作轴,类似于现代沿用的滚动邮戳。如果说这种邮戳实际上相当于现代火漆印的话,那么至 15 世纪的意大利,邮戳则已开始反映信的寄送地点及日期了。另外,由于当地曾流行霍乱和鼠疫,因此每次邮政部门在加盖邮戳时,还会同时加旁注"熏蒸",以提醒收信人注意消毒卫生,所以又有"卫生邮戳"之称。

说起邮戳在英国的诞生,还串连着一段轶闻。1660 年的伦敦,正值共和派与保皇派之间斗争激烈之时,因此双方在邮政部门的信徒都利用职权扣压、偷拆对立派的信件,以侦悉彼此的意图动向。为此,皇家邮局承办人颁布了通令,启用邮戳来注明收发信函日期,藉以查处频繁的渎职行为。当时使用的邮戳是直径为 13 毫米的图印,印面的一半用两个缩写字母表明月份,另一半则用数字表示日期。

1680 年,伦敦市又设立了"便士邮局",即规定每封信的寄费为 1 便士,以盖上等边三角形或鸡心形的邮戳为邮资已付的凭证。于是,邮戳既是收发日期的记录,又成了邮资收讫的标记,一身而兼两职。如果寄信人愿意,也可以预付 1 个便士,让邮局在空白信封上事先盖好邮戳,换取方便留待备用。然而,由于产生了寄途远近等实际问题,而邮戳又毕竟不是邮资的合适替身,于是自 1840 年起英国开始发行自立门户的邮票,同时将邮戳改为无字的四瓣花朵形或圆筒网眼形图案。由此可知,邮票是邮戳发展到一定阶段,为适应客观需要而问世的衍生物。

在俄国,也有雷同于英国上述演变的情况。1845 年 11 月 23 日,圣彼得堡(即今列宁格勒)的《北方蜂》报曾登载了使用带邮戳信封的邮政通告,当时启用的邮戳为长方形。每只信封售价为 6 个戈比,其中 5 戈比是邮资,1 戈比为信封费,并规定信须送交小商店汇收后,再由投递人员定时收取转送。不久,此项办法流传到了莫斯科,所不同的只是彼得堡使用蓝色邮戳,莫斯科则使用红色邮戳。可惜好景不长,鉴于某些宫廷权贵们讨厌红颜色,印有红色邮戳的信封很快遭到取缔,并从此在莫斯科绝了迹,甚至弄得后人竟罕知这种红邮戳存在过的史实。至 1848 年,带邮戳的信封已在全俄国相当普及,但也正当此时,由于邮票以异军身份崛起,打破了邮戳一身兼二职的垄断状况,从此,邮戳只标收发地点日期;而邮票则另外专示邮资,并逐步进入了焕发艺术青春并大展抱负的时代,使集邮迷们爱不释手、必得为快。

此外,在 1895 年前后,俄国前线的留守兵团中还曾流行过一种扁圆形及一种黑十字形的无字哑邮戳。至 1922 年,又首次使用了一种中空环形的俄罗斯纪念戳,和一种现代化了的圆形苏维埃纪念戳。

邮戳在东方出现得较晚些,但也经历了大同小异的产生及演变过程。譬如,1870 年至 1880 年期间,阿富汗曾通行过一种带色的指印邮戳;而 1900 年中国也曾使用过相当于一碗粥售价的货币印邮戳。后来,由于发明了可变更日期的号码钢模戳,才使今天的邮戳成了注销邮票,并成为使人一目了然的收讫凭据。

▶ 二、邮戳的作用

邮戳是集邮研究的主要对象之一,是了解和掌握各个不同时期的邮政历史现状的依据。它反映了一个国家邮政事业的发展和所达到的水平,是邮政史的第一手资料。它是识别邮件类别的标志,是纳费的证据,是邮件处理和传递过程的记录。对戳式的收集、整理和研究,可编组邮政史方面的邮集。集邮界有句名言："今日的邮戳，明天的邮史。"

五花八门的邮戳是集邮的主要对象之一，也是集邮学研究的主要课题之一。邮戳展示邮政史，今日的邮戳就是明日的邮政史。如在第17届亚洲（香港）国际邮票博览会上展出了一封信。这封信是在抗日战争时期香港沦陷之前已盖销，但未来得及投送给在加勒比地区圣卢西亚的收信人。它于1941年11月29日寄出，直至1945年11月3日才送到收信人手中。信封由左至右盖有"服务停止"、"归还"、"香港1941年11月29日"的圆形日戳和"未被拆检"、"被日军于1941年12月至1945年9月扣存于香港"的英文字样戳印；信封背面盖有"卡斯翠/1945年11月3日/圣卢西亚"圆形落地戳。这一邮政历史记录完全是靠邮戳完成的，抽去邮戳，这封信的珍罕性也就无从谈起。

特别要提到首、尾日戳。首、尾日戳是某项邮政业务或某种邮品使用时间的上限、下限，如邮票发行首日封、航空线开通的首航封、海运开通的首航封，普通邮票的发行、停用和调资前后的首、尾日封，这些封上的邮政日戳或纪念日戳都承载着邮政史实。同时，因为日戳不能随意加盖，日期数字不准倒换，所以盖有日戳的邮品在集邮研究方面是非常可贵的资料，甚至在社会生活中亦可作为公证凭据。从对邮戳的研究中，我们可以进一步发现，邮戳的启用时间，相当于邮票的首发日；邮戳使用期限（特别是纪念戳、宣传戳、风景戳和首日专用戳等等，往往用一段时间就被封存起来），相当于邮票的"使用时间"；其使用的次数相当于邮票的"发行量"。只使用一天或几个小时的临时邮戳（时效性强）是"发行时间"最短、"发行量"最少的，其存世量也许还少于某些品种的邮票。邮戳的珍罕程度并不亚于邮票，特别是史前封上的邮戳，其文物价值和经济价值都是非常可观的。因此，邮戳在集邮中的意义是非常深远的，增加了集邮的思想性、艺术性、知识性、史料性和娱乐性，拓展了思维的空间。

邮戳还具有纪念和宣传作用，这主要依靠纪念邮戳和风景邮戳来实现。纪念邮戳通常为新邮发行和重大节日启用；风景邮戳是风景名胜所在地的邮局使用、刻有当地景观图案的邮政日戳，它既有普通日戳盖销邮票的功

能,又有宣传作用。由于这两种邮戳一般都刻有图案,且图案丰富多样,所以深受邮迷喜爱。由于邮戳长期、广泛的使用,极大地扩充了原来单调的普通邮戳的内容,在客观上为加强宣传精神文明、弘扬民族文化、传播科学知识起到了载体作用和教育作用,其功效不亚于邮票的作用。

▶ 三、邮戳的种类

目前世界上邮戳有许多的种类,大体上可以按以下方法进行分类:

(1)按使用目的分为普通邮政、专用、指示、宣传、纪念、代资、免资、欠资、火车、航空、事故、临时邮局、风景、国内邮资已付、国际邮资已付、内部使用邮戳等。

(2)按邮政级别分为市(县)局邮戳、支局邮戳、邮电所邮戳、代办所邮戳、信柜邮戳和临时邮局邮戳等。

(3)按送递程序分为收件、封发、转口、到达、投递邮戳等。

(4)按样式分为圆形、方形、碑形、八卦形、十字形、菱形、椭圆形、三角形、横条形、竖条形、波纹形、多边形,以及其他各种物形邮戳。

(5)按构造分为单线边、点线边、双线边、文武边、双圆边、有腰框、无腰框邮戳等。

还可以按内容、盖戳方式等方式来分。

现代邮戳发展的趋势可以用6个字概括为:简化、组合、机盖。

第七节　邮政日戳

▶ 一、普通邮政日戳

邮政日戳是专门嵌有日期字钉,供邮局日常处理邮件或其他业务单据时使用的邮戳。日戳表明了盖戳单位、时间、地点和全程时限,确认了邮局与用户、邮局与邮局之间的责权关系,用它盖销了邮资凭证,就承认了邮件、单据的合法性。邮政日戳是本国邮政历史变革的见证。

邮政日戳

世界上最早的邮政日戳是 1661 年由英国邮政总局局长 H. 毕绍普开始使用的毕绍普日戳。戳上只标明邮件经办月日。1840 年英国开始使用邮票后,在邮件上同时盖用标有地名和年、月、日的邮政日戳和盖销邮票的马耳他十字形戳。后来改为直接用邮政日戳盖销邮票,戳样多次变换。

▶二、中国邮政日戳的发展和演变

1. 清代

我国 1866 年在海关试办邮政时起用了邮政日戳,但是现在没有当年的实寄封保留于世。目前发现现存信封上最早的日戳为 1875 年,是由两个同心圆构成的,全部为英文,上为 Customs(海关),下部为地名,称海关小圆戳。还见过 1872 年的含英文 PAID(邮资已付)的腰圆形日戳。

1878 年发行大龙邮票以后,在北京、天津、上海、烟台和牛庄五地使用过

清代邮戳

椭圆形海关汉文地名邮戳。1896 年邮政脱离海关,改称"大清邮政",1897 年 1 月 13 日起改用八卦戳,每一卦代表一个地区。按周易进行推算,应有 64 种,但已知的官方公布的只有 30 种,它们是:北京、牛庄、天津、大沽、烟台、重庆、芜湖、南京、宜昌、沙市、汉口、九江、镇江、上海、吴淞、苏州、宁波、杭州、温州、福州、罗星塔、厦门、汕头、广州、琼州、北海、龙州、蒙自、思茅和河口。但从实寄封和旧票上只发现了 25 个地名,沙市、北海、蒙自、思茅、河口五地未见到实物。集邮界还发现过另外 3 种官方没公布的八卦戳(第 31 卦戳、38 卦戳和 46 卦戳)。

八卦戳对应的地名不好记忆,戳盖倒了就容易误认是另一种地名的邮戳,特别是从戳上反映不出日期来。

1904 年改为干支纪年邮戳,简称干支戳,以农历计。所谓干支就是"天干"和"地支"的总称。天干共有 10 个字:甲、乙、丙、丁、戊、己、庚、辛、壬、癸。地支共有 12 个字:子、丑、寅、卯、辰、巳、午、未、申、酉、戌、亥。天干和地支互相配合,每年用一组,共有 60 种搭配,60 年一循环,称为一个甲子。这期间共经历了甲辰、乙巳、丙午、丁未、戊申、己酉、庚戌、辛亥 8 年。干支戳分为三格式和腰框式两种。三格式邮戳外圈有单线和双线之分,圈内有

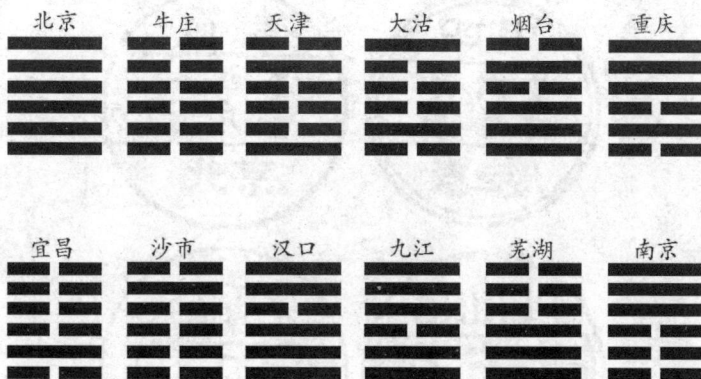

北京　牛庄　天津　大沽　烟台　重庆

宜昌　沙市　汉口　九江　芜湖　南京

八卦邮政日戳

两条横线把圆圈分为三格,上格为省名,中格为年月日,下格为地名;腰框式是在圆圈内中部加一矩形框,框内为年月日,上下为地名,有汉文和汉英文两种。腰框式较三格式大,又称大干支戳。

2. 辛亥革命后的中华邮政时期

改用民国纪年以后,邮戳也相应改成民国纪年,只使用过单线腰框式邮戳。

后来袁世凯称帝,1915年12月31日定1916年为"洪宪元年",启用"洪宪元年"邮戳,到3月22日被迫取消帝制,此戳前后只用了83天。目前此戳极不好找。

1923年恢复使用单线三格式邮戳,从1933年起为防止有人除去邮戳再重复使用邮票,邮戳的线条改为钉齿,可把邮票盖穿或打下深深的印记。

3. 新中国邮政时期

建国初期,继续使用单线三格式邮戳。但取消了其中的英文地名,中文书写方向也改为自左至右排列,年份改为公元纪年,日期采用阿拉伯数字表示,少数民族地区增加了民族文字。自1957年起,开始使用单线双月牙腰框式邮戳,直径有25mm和30mm两种,少数民族地区使用大戳。上半圆环为地名,下半圆环为邮政局名或支局号码和邮编,下月牙内为戳号,字钉槽

中华邮政时期邮戳

里的年、月、日、时可更换。邮戳按邮政统一规定式样制作。

1985 年 7 月 27 日邮电部再次颁发《邮电日戳印模规格标准与使用管理规定》,对日戳的种类和使用范围都作了详细规定。

邮电日戳分:普通日戳、邮资已付日戳、特种日戳三大类。普通日戳又分邮政日戳、电信日戳、机要日戳以及包裹收寄机、邮资机、过戳机等机器上装配的日戳四种。特种日戳分风景日戳和邮政教育培训使用的模拟日戳。普通日戳仍为单线双月牙腰框式,上半部刻省、市、自治区和市县地名,下半部刻该局邮政编码。邮局内部生产单位和火车、轮船、汽车押运日戳不加刻邮政编码。

1985 年的邮政日戳

1988 年在邮戳上增添了邮政编码代替投递地区。

从 1995 年 8 月起,开始逐步换用新戳,改为单线边无格式,取消了上下月牙和中心的方框,集邮者称之为"单线空圆戳"。日戳中日期有统一规定:对于字钉式日戳,"年"用4位数表示,"月、日、时"为个位时,用一位数表示,如1997年8月15日9时表示为"1997.8.15.9";对于拨轮式和各类机器日戳,"年"、"月"、"日"、时"都用2位数表示,如1997年8月15日9时表示为"97.08.15.09";邮资机上的日戳为单圆,上方是地名,下方是局名,中间是日期,"年"、"月"、"日"都用2位数表示,从左向右排列。

在二十世纪五六十年代,西部地区的贵州、广西、青海、西安等地曾使用过特殊式样的邮戳,即单线边双月牙式,直径略大于25mm,其上月牙内,有的嵌有一颗空心或实心的五角星;下月牙内,有的嵌有数码号。

随着我国电子工业的腾飞,电脑的普及推广,各地邮局在邮政营业工种上,大都使用微机操作,利用微机局部网技术,在邮政营业窗口完成函件、包件、汇兑、报刊发行、特快专递等多项业务及支局内部统计、结算、制单等作业的自动化处理,改变了邮政业务传统的手工操作,在各种业务单册、收据上也使用了电子打印的日戳(故称之为电子日戳)。

电子邮戳实际是由微机控制,由打印机打印而成的,电子日戳和手戳(或电动日戳)序号应一致。如果更换手戳应重新进行微机程序输入,以保证手戳和电子日戳戳印序号相同,并进行日戳卡片登记。

三、火车邮局日戳和轮船日戳

1. 火车邮局日戳

火车上的邮政车在沿途办理收寄邮件或邮件交换时所使用的邮政日戳,称火车邮局日戳(Train Postmark)。邮戳上常有"铁路""火车"之类字样。广义上的火车邮局戳也包括纪念戳、指示戳等。

我国火车邮局戳始于"海关邮政"时期。1896年,当天津、沟帮子铁路通车时,即开始运送邮件。早期的火车邮局戳,文字不统一,形式不相同,一般无日期。1907年启用干支戳后,开始在火车邮局戳上出现年月日。

我国现行火车邮局戳戳式与普通日戳戳式相同,但上格文字为该次列

车起止站简写名称,如"锦京火车";下格为派押局名,如"锦州";中格为年月日。

火车邮局一般设在旅客列车的最前或最后一节邮政车厢里,或者邮政部门租用一部分行李车作为火车邮局。但并不是每列旅客列车都编挂邮政车。在《全国铁路旅客列车时刻表》上的"旅客列车编组及目录"中可以查出哪趟车带"邮"字,即表示这趟车编组有邮政车。如果火车邮局设在行李车上,这样就查不到了。这时可以向站台上的邮件转运员咨询一下。

盖戳前还要准备好四件东西:符合平信邮资的信封并写好收信人的地址、黑盘、胶皮垫和牙刷。掌握编组邮政车的开车时刻,须提前一个小时到达火车站,买站台票进站登上邮政车。这时也正是火车邮局工作人员装载邮件最繁忙的时刻,等到工作人员告一段落时,再提出加盖火车邮戳的要求,经同意后就可以盖到一枚清晰适度、称心如意的火车邮戳了。由此可见,火车邮戳的含金量还是比较高的。

2. 轮船日戳

轮船日戳(Sreamer Post Office Postmark)是设在水路运输系统中的邮件转运部门或轮船邮局使用的邮戳,标有航线名称,如"汉渝轮船"等字样。

我国清代就有轮船日戳,现行轮船日戳与火车邮局戳形式相同。

▶ 四、"邮资已付"日戳

"邮资已付"日戳是代资戳的一种,是表示邮资付讫的邮政日戳。这类日戳没有邮资额,只有日期和"邮资已付"字样。有的甚至连日期也没有,如英国、新加坡、朝鲜等国。有的国家甚至把邮资戳直接印在信封上。

"邮资已付"日戳在我国已有 120 多年的历史。1872 年上海海关邮政使用的双圈椭圆形日戳,上面有英文"CUSTOMHOUSE SHANGHAI PAID",是我国最早的邮资已付日戳。

"中华邮政"时期,曾使用过八角方形、正八边形和圆形的"邮资已付"日戳。戳面文字早期有英文、中英文,后期以中文为主。上海还使用过机盖"邮资已付"日戳。

解放区使用过邮资已付日戳,主要用于大宗邮件和新闻纸类。

1. 新中国邮资已付日戳的种类和变迁

新中国成立之初,邮资已付日戳不统一。从1954年~1995年,邮电部5次规定了邮资已付日戳的式样。

1954年12月8日开始使用的为30mm×30mm八角方形,戳面分为不等距三格。"国内邮资已付"日戳的文字列上格;中格较窄,为日期和戳号,均用阿拉伯数字表示;下格为地名。

1962年起使用的国际邮资已付日戳,为等距三格,上格为法文"TAXE-PERCUE",下格为汉语拼音地名,中格为日期。

1977年3月起,国内邮资已付日戳改为三格等距,文字用等线体,戳号移至下格。

1985年7月27日邮资已付日戳根据需要,分为国内、港澳、机要通信、国际4种,外形不变,恢复窄中格,戳面布局把戳号又移至上格,除机要通信类外,其余3种在下格的地名之下,加刻了邮政编码;但是北京未使用邮政编码,仍使用局号。有些邮局使用了腰框式非规范的邮资已付日戳,有些邮局使用了三格等距"国内邮资已付"日戳,有些邮局使用了"邮资已付"日戳和邮资机盖戳的组合戳。

1989年10月1日,北京、广州曾使用"台湾邮资已付"日戳,格式同"国内邮资已付"日戳。从1984年起,一些邮局使用了"特快专递邮资已付"日戳和"国内特快专递邮资已付"日戳。

1992年6月17日,把多种邮资已付日戳改为两种,机要通信保留,将中国大陆、中国港澳、中国台湾、国际4种合并为中、法文对照的"邮资已付 T. P"日戳1种,戳面布局不变,要求在1993年6月30日前更换完毕。

1995年6月16日邮电部规定,邮资已付日戳仍为2种,将机要通信戳恢复,并且决定取消戳内格线和邮政编码,恢复邮电局所名称,省会城市不冠省区名称;拨轮式日戳的年份用4位或2位表示,月、日均以2位数表示。

2. 邮资已付日戳的应用

国内邮资已付日戳用于加盖 10 件以上的国内整付零寄和整付整寄邮件。

国际邮资已付日戳用于交寄大宗国际邮件资费付讫，1962 年正式启用。

港澳邮资已付日戳专用于交寄大宗港澳邮件资费付讫。1985 年加刻邮政编码。

台湾邮资已付日戳专用于交寄台湾大宗邮件资费付讫。

机要邮资已付日戳专用于交寄机要邮件资费付讫。

特快专递邮资已付日戳表示特快专递邮件资费付讫，1980 年陆续使用。

邮政总局新规定 1998 年 5 月 1 日起，邮资已付日戳的使用范围将逐步缩小，争取到年底取消邮资已付日戳。北京一些邮局率先使用邮资机盖戳代替了邮资已付日戳。可是至今仍可看到邮资已付日戳。

第八节　其他邮戳

一、风景日戳

风景日戳是近几年来随着集邮事业和旅游业的发展而产生的一种新型邮戳。指风景名胜所在地邮局使用的、刻有当地景观图案的邮政日戳。它既有普通日戳盖销邮票的功能，又有纪念和宣传的作用，是中国现行的特种日戳之一。大多为圆形，直径 32mm，戳面分为风景图案、字钉槽、地名环 3 个部分，钢质，

风景日戳

圆周线为 0.3mm 实线。风景图案为表现当地特色和相应的名称,可刻在字钉槽上端,也可刻在字钉槽下边。字钉槽不刻边线,字钉可只表示年月日,也可加小时。地名环所刻的地名,在县、市名前均冠以自治区和直辖市名。按图案分别从 1 号开始顺序编号,同一图案只刻一枚的也刻"1"表示戳号。戳面文字与日期均自左而右排列。

目前随着旅游事业的繁荣,风景日戳启用的越来越多,如北京邮政局在 1988 年和 1989 年两年内就使用了 24 枚风景日戳,而南京在 1989 年启用了 44 枚风景日戳。

风景日戳一般与邮政日戳同样大小,有时为了充分表现名胜的风采,也允许略大于邮政日戳。

二、纪念邮戳

邮政部门为纪念重大事件、活动和新邮发行而制作的,刻有纪念文字和图案的邮戳称为纪念邮戳。一般只限在规定期限内使用,可代替日戳盖销邮票。各级集邮公司为新邮发行制作首日封而刻制的邮戳也属于纪念邮戳。

纪念邮戳有全国性和地方性两种,前者由国家邮政总局统一设计戳式,由各省、市、自治区邮电局分别刻制,如 1992 年发行的贺年有奖明信片的纪念邮戳就属于这一类,各地戳式相同,但各地制作的细微处有差异,引起集邮爱好者广泛的收集兴趣。后者则由各地邮电主管部门自行设计、刻制。

纪念邮戳

我国规定,在纪念日的当日,在当地盖销的邮票承认其具有纳付邮资效用,过期就必须重新加贴邮资才可以邮寄。如在北京购买的中国集邮总公司和北京集邮公司制作的首日封,虽然邮票

上已经盖了邮戳,可是邮票发行当日寄出时仍有效,第二天寄出就无效。同样是这枚封,当日如果拿到天津寄出,邮资就无效,必须重新加贴邮票才行。现行的纪念邮戳大多数允许在一个月内,应集邮者的请求继续盖销邮票,但不能用作盖销邮资凭证使用。

我国较早刻制的纪念邮戳,比较有名的是上海张园于 1909 年和 1912年刻制的"出品协会邮政局"和"赈灾慈善大会"纪念邮戳。

▶ 三、改资戳

又称改值戳,表示改变原邮品邮资和售价的戳。

1996 年 12 月 1 日,中国邮政实行邮资调整,但是 1997 年的贺年(有奖)明信片和企业金卡于 11 月份已印制完毕,因此中国邮政特制改值戳,在明信片上加盖改值出售。由于贺年(有奖)明信片分为普通型、极限型和贺卡型 3 种,售价各不相同,改值戳也相应刻制了 3 种。

▶ 四、邮筒戳

从邮筒、邮箱中收取信件所盖的戳记,称邮筒戳,又称开筒戳。有的与日戳相同,只是戳中刻有"开筒"或"筒取"字样。有的是横长方戳或竖长方戳,刻有"信箱开出""自投信箱"等字样,都属于表示责任的戳记。

▶ 五、免资戳

表示免收邮资的戳记。免资邮件一般是邮政部门或经过邮政部门批准才准许的邮件,如邮电公事戳、军人免费戳。盖有免资戳的邮件,应该在指定邮局办理相关手续方可寄发。

军人免费戳是国家对军队邮件实行免费的一种标志。1949 年前后,我国使用多种军用戳,如野战军 1～4 野分别使用的各自野战军邮戳,各地方

部队和省军区军邮戳也各有区别。1952 年全国军邮戳基本上统一为"中国军邮"。志愿军部队使用"志愿军邮戳"。1959 年~1969 年期间，军邮戳改为三角形"免费军事邮件"，戳内五角星为实心。其中单边戳为整个部队通用，双边戳为公安部队使用。不过有 1957 年的三角形"免费军事邮件"的实寄封存世，确切日期还应进一步考证。根据邮电部和总参谋部文件精神，1984 年 10 月 1 日开始使用的标准免费戳记为等腰三角形，腰长 36mm，等腰三角形内上部的五角星里有"八一"字样，下部有"义务兵免费信件"字样。由军事单位逐件加盖三角戳，再集中向当地邮局窗口交寄。

▶ 六、"T 字戳"

以法文"TAXE"（补纳）的第一个字母"T"为戳记，故名。是国际上通用的表示欠资的戳记。通常在 T 字戳旁加横线，上方注明欠资的金额，下方注明应贴邮资，如 $T \frac{10}{30}$。

▶ 七、"R 戳"

称为挂号戳，是英文 REGISTERED 的字头。中国于 1878 年 3 月 23 日开办挂号业务，多使用"R 戳"。

▶ 八、纪念图章

纪念图章（Commemorative Chop）是指集邮团体或个人为某一活动而专门刻制的印章，形似纪念邮戳，但刻制部门属非邮电部门，不具备邮政日戳的功能，仅可盖在邮件空白处或有关纪念品上留做纪念。盖在邮票上，邮票被污染，就不能再使用了。如吉林大学集邮展览所刻制的纪念图章就属此类。

邮政部门使用的邮戳还有很多种，如：机要邮戳、快信日戳、报刊发行日

青少年课外文体娱乐指南

戳、乡邮日戳、邮政代办所日戳、特殊钟点邮戳、附加费戳、指示戳、标志戳、通知戳和责任戳等。

▶ 九、邮戳的收集

我们会收到许多信件、明信片和邮包、上面一般都盖有邮戳。邮戳清晰可辨者为上品。当然,首日实寄封,邮戳应和封一起保存为好。对实寄封上的邮戳要独具慧眼,详细审查,择优收藏。

对于普通实寄封上的邮戳也要时时注意,有特殊信息的要整体保留,如快件封、航空封等,有些可以制成剪片保存。有些地名戳,常常是专题集邮追逐的目标,如烈士地名、鸟类地名、姓氏地名、民族自治地区的双文字日戳等。多留心身边不起眼的戳记而保存,是挖掘"天然资源"的最好方法,涓涓细流,可以汇成大海,日积月累可以保存一部洋洋大观的戳集,可以随时从中选取所需的邮戳编入到邮集中去。

第九节　邮资机戳和邮资机标签

▶ 一、邮资机戳

邮资机戳是由邮资机打印,表示已付邮资的一种戳签式邮资凭证,又称"邮资机符志"。1920 年在马德里召开的万国邮联大会上批准了邮资机可以用于国际邮件,从 1922 年 1 月 1 日起生效,这就促进了邮资机的发展。

邮资机是一种直接在邮件上加盖日戳和邮资戳记,并有记账功能的自动化设备,工作效率高,一般在邮局营业窗口使用,或在邮局监督下供用户租用。北京的试点显示,处理厚度 6mm 以下的邮件,邮资机每小时处理可达 1 万件以上。一个国家邮资机的使用数量反映了这个国家邮政业务的自动化程度。厚度较大的邮件,一般贴用邮资机标签。

1904 年,新西兰最早使用邮资机。带有日戳的邮资机是美国 1920 年首先使用的。各国邮资机戳式样繁多,其结构一般为左侧是圆形邮政日戳(Datemark),上面含寄发地点和时间;右侧为矩形邮资戳(Charge Post-mark)组成的双重邮政戳记(Duplex Postal Marking)。许多国家在两者之间绘有图案,这极大地引起了专题集邮者的兴趣。美国多以国鸟——白头海雕或火炬为图案;日本以富士山加樱花或飞鸽与地球图案;巴西为国旗、加拿大为枫树叶、印度为法轮、澳大利亚为地图、瑞士为白十字、前苏联为五星和镰刀斧头;英国及其英联邦的国家以及丹麦多采用王冠图;德国、荷兰、比利时、芬兰、瑞士等含有邮政号角;中国、英国、瑞士、丹麦、约旦、斐济和中国香港等国家和地区在邮资戳框内印有"邮资已付"(Postage Paid 或 PP)字样。

万国邮联规定,邮资机戳应该用鲜红色油墨盖印,可以直接盖印在邮件上,也可以盖印在专用的纸签上粘贴在邮件上。

美国是世界上使用邮资机戳最为广泛的国家,大约在 1930 年,美国费城的柯蒂斯出版公司成为美国邮政第一个广告邮资机戳的用户。1998 年万国邮联的年度调查报告中显示,当年在世界各国运营的邮资机约为 300 万台,其中美国 170 万台,占 60%。使用 1 万台以上的国家有 18 个,使用 1~6 万台的国家有 12 个。

许多邮资机戳还附有各种各样的宣传、广告戳记,如法国邮资机戳上的国际通讯年徽志,香港邮资机戳上的牛津字典广告等,它们随着邮件旅行到世界的千家万户,起到了很好的宣传作用,也是专题集邮的丰富资源。

中国引进邮资机是在 20 世纪 30 年代中期,而真正大量使用是在 1948 年 7 月以后。1999 年 6 月国家邮政总局决定取消"邮资已付"戳,大宗邮件一律用邮资机处理。根据报道,我国在 2000 年全国已有 3 千多台邮资机。

邮资机戳中含有许多专题信息,都可以用在专题邮集中。如 1930 年盖在柯蒂斯出版公司寄给客户邮件上的邮资机戳左边的图案是一棵圣诞树,树上写有"祝贺"字样,是圣诞节专题不可多得的邮品。美国关于庆祝圣诞节邮资机戳使用的很多,内容丰富,花色繁多,每年都有新品种。1937年纽约某邮局的庆祝圣诞节邮资机戳上绘有一只鸟,旁边文字是"为圣诞节送上一只金丝雀",同时也可以作为鸟类专题的邮品。二战期间,美国有一种庆祝圣诞节的邮资机戳上写有"为了未来美好的圣诞节——现在就购买战争债券",反映出强烈的时代特征。

▶ 二、邮资机标签

由电脑邮资机将邮资机符志先打印在纸上或不干胶的签条上,然后再贴用到邮件上的标签称为邮资机标签,又称"邮资机符志卷"。一般贴在厚度较大的(如超过20mm)的邮件上。

邮资标签为长方形,采用白色热敏纸,四角为圆形,背面有不干胶。签条上左上方设16位"唯一码"。"唯一码"是由26个英文字母和"0~9"10个数字,按系统软件指令,随机组成4×4个字符的行列式,形成签条的密码;中间有"中国邮政"中英文文字和徽志,右侧圆形戳直径为23mm,内有地名、局名、戳号和日期;左下方有邮件种类、邮件重量和人民币代号"¥"及钱数。戳号从"6-X"编起,"6"是大宗邮件代号,"X"为数字,代表该局第几号制签机。经过对邮资标签的研究,共有3种不同的标签款式。

第一代标签纸事先未印文字或图案,尺寸为55mm×30mm;第二代标签纸事先印有黑色"中国邮政"铭记和绿色标识;第三代标签纸在左右两边有不规则"齿孔",拼合在一起是英文CHINAPOST(中国邮政)字样,尺寸为57mm×30mm。

1999年为迎接第22届万国邮联大会在北京召开,在北京建内大街邮局设置一台中国研制的YJY-99A型邮政自助收寄机进行操作表演,未对外邮寄函件。10月15至17日,在北京中山公园配合"2000年年度报刊发行宣传日",准备了一台邮政自助收寄机提供给用户使用。1999年10月15日应是其使用的首日。11月11日,该机在北京建内大街邮局正式投入使用。

该机可以完成国际航空平信、港澳台（航空）平信、内地本埠或外埠平信、印刷品、明信片及内地各类邮件挂号的自助收寄。

邮政自助收寄机"吐"出的邮资签条为长方形，与大宗邮资签条相似，尺寸为 $58mm \times (26.2 \sim 26.5)mm$，标签的日戳直径为 $23mm$，也是由阿拉伯数字和英文字母组成 16 个字码形成的唯一码。

第四章 集邮常用工具

集邮用的工具,绝大部分是专门生产的,有些还须特别制造。目前,在我国不少地方都有集邮用品工厂,每年不断地生产邮票定位册、贴票册、标准贴页、各种型号的护邮袋、邮票镊、胶水纸、放大镜、量齿尺等。

第一节 操作用的工具

集邮操作工具主要包括邮票镊子、水印盘、量齿尺、放大镜、色谱、紫外线灯、纸张厚度计、取票器、剪刀、刀片、米尺、裁切刀等。

▶一、邮票镊子

邮票镊子也叫"邮票钳",是用来夹邮票或小型张的,是集邮者随身必须携带的一种工具。用手触摸邮票,手上的汗珠就会粘到邮票上,会在邮票上形成污点。因此,集邮者忌讳直接用手触摸邮票,在欣赏或整理邮票时都应该使用镊子。夹邮票时要使用镊子,但并不是所有的镊子都能用来夹邮票。镊子的形状因用途而异。用于集邮的镊子尖端必须扁平、圆滑、无锈,松紧程度也要适宜。过紧会使邮票留下夹痕,过松易使邮票脱落。

初次使用镊子最好找几枚废邮票反复练习几次,避免因使用不当使邮票受损。保存时注意不要把镊子尖端弄脏或挫伤,也不要用手指去摸邮票,否则就失去了使用镊子的意义了。如果一时疏忽,把镊子弄脏了,要用布、纸或者挥发油擦拭一下再用。

▶ 二、放大镜

　　放大镜是帮助观察细小物体的凸透镜,其镜面双面凸出,焦距通常在1～10厘米之间。邮票图的版模是利用点和线来表现图案深浅明暗的层次。这种由点线组成的网纹,就构成了图案的骨架,通过油墨印刷,形成一幅幅美丽的图案。暗含在图案中的点点线线,单凭肉眼直观难以分辨清楚,必须借助放大镜。放大镜用于鉴别邮票真伪、印刷版别、品相优劣等。集邮用的放大镜一般为五到二十倍。使用时要选择光线充足的地方,但应避免阳光直射到邮票上。镜片要保持清洁避免磨损。放大镜用完及时收入套子或盒子里,脏了可以用擦拭眼镜的柔软棉布擦净。

▶ 三、齿度计

　　齿度计又称"量齿尺",是用来度量邮票齿孔度数的集邮工具。齿孔度数是指邮票边框 20 毫米内有多少个齿孔。齿度计是每个集邮者都必须有的一件集邮工具,其材料有透明的和不透明的两种。

　　齿孔是由"孔"和"齿"相结的,当票没有撕开时,只见到一个挨一个的小圆孔,当邮票撕开后,孔就分别存在两张邮票上,各有半个孔,而且显露出齿尖。

　　常用的量齿尺,上面印有一排排不同度数的模拟齿孔,两旁或一旁标有数字,如 7、8……16.5,即度数。只要将邮票的齿孔与量齿尺上的小圆点对比,与哪一排吻合,便是多少度。

　　齿孔的度数有助于区分邮票版别,如小龙邮票第一次毛齿和第二次光齿两种都是 12.5 度,第三次印的则为 11.5 度。此外还有鉴别真伪邮票的用途。

青少年课外文体娱乐指南

▶ 四、坐标尺

坐标尺是常用的定位工具,应用广泛,在集邮方面可用于邮票的版式研究。

坐标尺的原理,犹如地图上的经纬度。目前在国外专门供集邮用的叫"定位尺",用以测量邮票上某一异点所处的位置。坐标尺是利用透明材料制成,印上一行行的小方格,每格的面积为 3mm×3mm,横行用阿拉伯数字顺序标出,直行用拉丁字母标出。

▶ 五、水印盘

水印盘也叫"显影盘"、"水印检查器"或"水印检查仪",是专门用来检查邮票水印的一种集邮工具。水印盘的质地有金属、陶瓷、搪瓷、胶木、玻璃等。

邮票上的水印有两种:一种是亮水印(即水印处纸质较薄);一种为暗水印(即水印处纸质变厚)。利用水印盘观察水印主要是指亮水印。邮票上的水印也以亮水印为多见。

▶ 六、色谱

又称"刷色表"或"邮票色谱"。色谱是指印有标准颜色及名称的色表,一般有 200 种以上不同的颜色。色谱可以核对邮票上的刷色,以判断邮票刷色的异同,是一种研究邮票刷色与分色的工具。色谱的形式主要有硬卡式、招贴式、折扇式、书本式等。色谱对单色、双色套印的邮票实用性很大,除辨别不同的刷色和色差外,对于鉴定错色票也很重要。

第二节　邮票保护用工具

人们通常用护邮袋、护邮套、护邮夹、护邮包、衬纸等保护邮票,防止邮票受损。

▶一、护邮袋

邮票收集后,可先装入护邮袋中,整理后再放到邮册里,也可将邮票装入护邮袋存放一段时间。对于邮票买卖者,护邮袋格外重要。为了使邮票在邮市不受污染,在邮票进入邮市前,邮票投资者最好将要出售的成套散票和小型张、小全张分别放入护邮袋里。这样,哪怕天长日久,邮品也不会被弄脏。

早期护邮袋多用透明的白玻璃纸制成,现在采用先进制作工艺和材料,由双层组成,底层一般涂有背胶,使用十分方便。制成的用品可以有效地防止邮品因氧、硫、水蒸气及霉菌的侵害,具有美观、挺括、规范等特点。有无色及双色两种。集邮者可根据邮品不同面积而选用不同规格的护邮袋。

▶二、护邮套

护邮套是一种三面封死,一边开口的透明塑料套,用以保护贴片。护邮套通风不良,如果套内受潮,水分不易散发,会损坏邮票,所以平时不宜使用。只是在寄送贴片参加邮展时才把贴片套上这种护邮套。我国目前还很少使用。

▶三、衬纸

衬纸是衬在邮票下面的一种较厚的黑色或其他深色纸。由于衬纸的衬

青少年课外文体娱乐指南

托,可能使邮票更加醒目。使用衬纸与使用护邮袋一样,在邮票四周要留出1~1.5毫米。但衬纸露得也不能太多,不然会喧宾夺主,失去使用衬纸的意义。

▶ 四、护邮角

护邮角类似相角,多用于在邮册上粘贴首日封、实寄封等。

▶ 五、胶水纸

把邮票安置到贴票册上的最好办法是使用胶水纸——一种裁切得很整齐的一面带胶的小纸条。这是集邮家实践的产物。起初,他们是把邮票整个贴到邮册里,但很快就察觉了这个办法的弊病:邮票一旦贴上就极难再揭取下来。想替换一枚邮票或挪动一下位置很困难。为了克服这一不足,有人发明了一种一面有胶有小薄纸条,被称为胶水纸。胶水纸一般都是成袋出售,买回来后要换到带盖的小塑料盒里,不要装太多,以免互相粘连。

自己也可以动手制作胶水纸。方法是这样的:用半透明的打字纸,再买瓶胶水,用一支洗净的毛笔当胶水刷。先把打字纸订在厚纸板上,用胶水刷把调好的胶水均匀地抹在纸上,放置阴处晾干、压平,再用裁纸刀裁切成长1厘米、宽0.5厘米的小条,就可以使用了。

第三节　收藏用工具

常用的收藏工具有贴票册、插票册、封片册、标准贴片、贴片册等。

一、邮票图谱定位册

在邮票下面方框内印有相应邮票图案的定位册。邮票图案分单色和彩色两种。在邮票上方或左边页册上印有邮票名称、发行日期、印版、图幅、齿孔、全张枚数及每枚邮票图案解释。这种定位册，我国每年出版一本。

二、贴票册

是贴置邮票或集邮品的专用本册。根据装订形式可分为固定式和活页式两种。在贴票册内布置邮票或集邮品时，最好先用护邮袋把邮票或集邮品包起来，然后再用胶水纸与贴票册连在一起。

三、标准贴页

贴页也叫"贴片"。贴票册中的贴票页，贴片纸质较厚，大多印有较浅颜色的坐标格，以使邮票贴放端正。

贴片一般为活页形式，便于在贴票册中移动和调整，或增加，或减少。贴片是邮票展出的主要用品。国际邮展中标准尺寸为 215mm×280mm，纸质平整，厚薄适中，既可用于平时保存，又可用于展出。

四、小型张插册

是专门为保存小型张设计制作的邮票插册，分册式和簿式。册式的插票槽可插放小型张，也可插四连票或多连票。国外称"联票簿"。

五、首日封插册

是专门为保存首日封设计制作的插册。每个插封槽或袋的尺寸同于一

个标准首日封。适应信封规格的有普通首日封插册、大号首日封插册及双连首日封插册等。

▶ 六、邮票插册

又称"插票册"，是专门用于插放邮票的本册。样式有书本式、折叠式、活页式等。插票册有各种不同的规格，可按不同的要求选用。插票册是用厚卡纸做底板，上面镶贴透明材料条，每行高约 15mm。

在插票册中存取或移动邮票都很方便，常用以临时保存未经整理的邮票或存放复品等。

▶ 七、明信片插册

是专为明信片存放设计制作的插册。

第五章　邮集制作

人人都有创造和实现自我的欲望和需求,集邮爱好者的作品便是邮集,编组邮集正是实现个人兴趣的展示机会。

我国著名集邮家陈湘涛主张集邮要做到"三 A":一是要积聚(Accumulation),二是要探究(Analysis),三是要成果(Achievement)。邮集就是"探究"和"成果"的具体体现。

早期集邮类型只有一种,即所谓的传统集邮,接着从中分离出来邮政史类和邮政用品类。随着时间的推移,又兴起了航空类、航天类、专题类、极限类、税票类、开放类和青少年集邮类。集邮像其他事物一样,都是发展的,变化的,不断前进的。

第一节　邮集概述

▶一、编组邮集

邮集是将收集到的邮票、封、片、简、戳等按照不同类别的要求,进行分类、整理、设计、编排而成的作品。

在开始动手制作邮集之前,要首先确定自己的邮集将来要达到什么水平,是自己随便玩玩,还是向国家级、世界级参展的水平靠拢。

青少年课外文体娱乐指南

1. 自娱自乐型邮集

集邮本身带有娱乐性质,绝大多数集邮爱好者都属于自娱自乐型的群体。正像每天清晨跑步锻炼一样,目的只想活动活动腰腿,很少有几个人想去争夺世界冠军,他们集邮的目的就是寻求快乐,品尝寻寻觅觅的收集过程所带来的满足感,体验邮品带给人们的美感和渊博的知识。

当一个人把苦苦寻觅的邮票买到手后,那种喜悦的满足感是别人无法体会的。没有人统计过集邮家的平均寿命有多高,但有人统计过平均寿命最高的职业是音乐指挥家,因为他们的心态总是处于一种满足的精神享受之中。

这些人编组邮集,不受任何条条框框的约束,完全凭借自己的喜好,随心所欲,喜欢什么就收集什么,只要是看中的邮票,不管是鸟类还是名画,不管是建筑还是体育邮票。他们也无意花费巨额资金去追逐珍罕度过高的邮品,但是观赏自己的邮集带来的欢愉心情,不比邮集获奖的人逊色。

在这些人当中,有人编组《姓氏邮戳》邮集,有人编组《名人名言》邮集,收集了几千枚人物邮票,逐枚考据人物的身份、背景、成就和著作,摘录最有代表性的经典语录。有人编组《高校公函封》邮集,专门收集带印刷体的校名,对全国高校校名的变化一清二楚;有人编组《成语故事》邮集,用几枚邮票巧妙排列,组成成语,构思奇妙。尽管集邮界对这些邮品评价不高,但是他们认为值得收藏,不管别人的议论,常年不懈,乐在其中。他们强调的是收集过程中的快乐,并不重视邮集的结果。

2. 竞赛级邮集

一般来说,集邮者起步都是从最低水平开始的。当在基层邮展有一定成绩以后,就会产生新的欲望。所以最初选题就应该考虑要有一定的潜力,可以向更高的目标发展。

竞赛型邮集必须按章办事,遵循国际集邮联合会制定的竞赛规则和打分标准去进行编排邮集。

▶ 二、集邮和邮集的区别

集邮和邮集是两个不同的概念。

集邮是指对邮品的收集,为收藏的初始阶段。

邮集则是把收藏的邮品,按照某种规则或按照集邮者的思路编组成集,形成一部作品。邮集体现了作者自身的创作过程和研究水平,把集邮文化的丰富思想和艺术内涵表现出来,是集邮者成熟的标志。

第二节 传统邮集制作

▶ 一、传统邮集概况

传统集邮是世界上最早的集邮方式,目前仍是最主要的集邮类别,是目前世界级邮展中获大金奖和金奖比例最高的一种类别。

传统邮集是按某一个国家(或地区),对某一历史时期发行的邮票,按着时间顺序进行系统收集;或者对某一套、某一种邮票的要素情况进行研究、比较和收集。

传统邮集也可以采用断代方式进行收集,"断代"是指专门收集某一个国家、某一个地区或世界范围内某一特定时间内发行的邮票,范围可大可小。如"第一次世界大战期间"(1914~1918 年)的邮票,中国抗日战争和解放战争期间解放区发行的邮票,新中国的普票(1950~1953 年)等。

传统集邮的特点是系统性强、完整、连贯和风格统一,但收集难度大,比较刻板,有一定的局限性。对此传统集邮者大多专门搞资料考据并进行微观研究。

二、邮集对象

传统集邮是以收集和研究邮票和其他邮品本身的各种特征为主要内容。即注重邮票的发行历史；版式和版别，如版模特征、版铭；齿孔，如形式和齿孔度；纸质，如厚度和颜色；背胶、水印、加盖、刷色（色差）及所盖邮戳等的区别。包括票品设计上的错误、印刷过程中产生的差异等。

有人认为传统集邮者都是一些好钻牛角尖的人，整日拿着放大镜、量齿尺和定位器，在鸡蛋里挑骨头，去看什么邮票上的"点""线"多了、少了、断了、叠了、修饰了、缺损了、齿孔大了、小了、粗了、细了……太没有意思了。其实这正是传统集邮者的乐趣。就拿普票来说，其印量大、版次多，传统集邮者通过研究其版铭、色泽、齿孔度、纸质、水印、版模等，就可以找出各种差异，培养自身严谨的考据学风。考据是为了研究，研究离不开考据。集邮的重要意义之一，就在于其考证的功效。

对于贴票的实寄封重点是要研究邮票的发行时间，从邮戳上看，是否是"超前"、首日、尾日、超尾日使用；研究邮票的用途，是用于本埠、外埠、航空、挂号等；研究邮资的变化情况；研究邮票的一些特殊用途，如包裹单、欠资等。

特别要关注混贴封，如不同国家邮票的混贴、两个历史时期邮票的混贴（如新、旧中国交替时）、新币和旧币邮票的混贴、邮票和其他邮政用品的混贴等。

在所收集的封中要尽量选择精品。一般说来，边远地区的封好于大城市的，乡村代办所的封好于支局的，临时邮局的封好于长设邮局的。

三、基本素材

传统邮集常用的基本素材主要包括：邮票和带邮票的实寄封；邮票的各种变异；经采用或未经采用的试模样票、样票及设计原图；邮票问世以前的手盖戳记史前封;其他特殊邮品,包括赝品、当邮票用的实销印花税票或未经盖销的邮税两用票。

传统类邮集有"重要性"和"完整性"的要求。"重要性"是指素材在展品中的重要地位,一般世界孤品的珍罕性高于其他类展品。"完整性"是看邮集中"不是有什么,而是缺什么"。

1. 邮票

传统集邮的主体是邮票。邮票是核心,一切都应该围绕着这个核心。要以未使用的新邮票为主,旧票为辅。新票一般只需展示单枚,特别珍罕时才以连票形式出现。至于四方连、大方连应具有邮政意义或具有珍罕性,否则没必要采用。旧票仅能使用信销票,其收集难度大于存在的新票。

所选素材是为了展示邮票的发行与使用情况,在描述实寄封时,书写时要写"用在×封上的邮票",而不能写成"×邮票在×封上的使用"。

在所选题目范围内,邮票尽可能齐全,尤其重要的票品不能遗漏。要侧重展示邮票的各种变异,如版别、齿孔等,特别是自己的新发现,如组外品、样票、试模样票、原设计图、未发行票、变体票、趣味票等。珍罕程度是评分的重要依据,邮票的变体一定要用从正规发行渠道售出的,拒绝从邮票印刷厂废纸堆里捡回的废品。在一张贴片上,票品的排列顺序应为:图稿、试样、印样、样张、正票、变体、趣味品等。

2. 封、片、简等邮政用品

封、片、简等邮政用品为辅助展品。实寄封票应该是通信封,邮资应符合。首日封最好采用非商品化的,但不宜多用。如果有史前封更佳,史前封是指发行邮票以前盖有邮政戳记的信封。实寄封主要说明邮票的使用,不必大谈邮戳和邮路。最好每种面值的邮票都有实寄封,以体现出不同邮资的不同用途。当实寄封的背面有重要信息时,可做如下处理:裁开后展开;使用彩色照片或彩色复印件展示,但尺寸要明显小于原件。

3. 不宜放在邮集内的邮品

纯粹的邮政用品,如邮资封、邮资片和邮资简,未经实寄的纪念封、片以及极限明信片、纪念邮戳、盖销片等不宜放在邮集内。像纪念张、邮戳卡、镶嵌封、邮折等都属非邮品，更是不能放。

▶四、编排

采用目录式编排方式，但又不同于目录。整个邮集应能充分反映某一个国家或地区某个时期邮票的特点；邮品要求全、珍、罕，且要注重体系的完整，要尽可能包括这个时期的所有珍邮和变体票，可略去不重要的邮品；要体现对邮票和邮品的系统研究成果，这种成果不论是别人公布过的，还是自己的重要发现，都必须在邮集中得到充分体现。

在邮集的书写上，一般要在邮票的上方注明邮票的名称、发行日期、齿孔度、印刷版别和纸质等。在邮票的下方要注明邮票的刷色差异、版模特征、不同版铭和邮戳等。邮票本身能直接反映出来的面值、铭记等不必加以说明。传统集邮对邮票的图案内容不必去进行分析和描述。

第三节　专题邮集

▶一、专题邮集概况

专题集邮是一种不以邮票发行国家、发行地区或发行时间顺序为对象，而是根据邮品的图案内容来收集、整理邮票，编组邮集的集邮方式。

现代专题邮集的定义是：按照纲要，用邮票和其他邮品叙述和拓展一个专题的集邮方式，用来展示专题的和集邮的知识。

专题集邮爱好者专门收集与所选专题密切相关的邮票及邮品，并用最清楚和最有效的方式展示出它的专题信息，注重研究邮票的图案内容，而不关心诸如齿孔等的变化。

青少年课外文体娱乐指南

专题集邮与按国别来收集邮品的传统集邮方式相比,更具有易于入门、易于理解、便于收集和有趣味的特点,因而更利于普及。搞传统集邮,可供选择的国家是有限的,因为世界上只有 100 多个国家。然而,这些国家发行的邮票所反映的题材却是无限的。

▶ 二、专题邮集的发展历程

专题集邮的规则像其他事物的发展规律一样,也都是逐渐摒弃其不合理成分,而越来越趋于完善。目前从专题集邮的发展来看,可以分为三个阶段。

1. 初级阶段

专题集邮的最初阶段是按邮票的图案内容进行收集,如"动物"专题,凡是以动物为图案的邮票均可纳入,不论是老虎还是燕子,蜜蜂还是金鱼,都可以入集,其题目范围都很大,这是最原始、最基本的专题集邮方法。

2. 主题集邮阶段

专题集邮的第二阶段是以选择同一发行目的的邮品为宗旨,即所谓的"主题集邮",其邮集在性质上属于资料性专题邮集,如"国际红十字会"、"欧罗巴"、"铁道机车"等。像"铁道机车"邮集,是按机车类别进行科学分类:蒸汽机车、内燃机车、电动机车、悬浮机车等分门别类进行排列、组合,类似专业图解。邮集强调科学性和完整性,邮集要求在专题范围内,邮品齐全、完整,资料丰富、分类科学、解释正确。

这种方式图文并茂,形象生动,对增长和传播知识有益。但这种邮集缺少自己的研究成果,容易产生模式化、固定化;同一命题下的邮集容易重复,收集的邮品也相差无几;人们的创造性得不到充分发挥,个人主观能动性无法展现,束缚创新和发展;并且适合邮集的选题越来越少,当选题接近极限时,就很难再有发展了;也容易样板化,编辑邮集都成了一个模式,集邮就失去了趣味。邮集的兴趣就在于多元化。

青少年课外文体娱乐指南

3. 叙事性专题集邮阶段

目前在各级邮展中获大奖呼声最高的是第三种组集方式,即按一定的故事情节组集,做成叙事性专题邮集。

就像一篇文章要有主题,一首乐曲要有主旋律一样,这种收集方法首先要确定自己的主体。然后从邮票和邮品的图案出发,按一定的计划与情节,或讲述一个故事,或提出一种理论,或表达一种思想,或叙述一段历史,能够最大限度地发挥创作者的才能。

专题的内容可以包括自然界和社会生活的各个方面,可以与个人的职业、兴趣爱好相结合,便于自由发挥。邮品不要求齐全,只取组集所需要的邮品,收集难度相对低些。这种组集方法有较强的知识性、创造性、灵活性和趣味性。

编组这种邮集一般首先要拟一个"故事"线索,再布置相关邮品,配以文字说明来讲述这个故事。同一个主题,作者的构思和发挥不同,会编组出迥然不同的邮集来。

邮集的故事性很重要,甚至于超过珍罕性。优秀的专题邮集,不仅体现了集邮家个人主观意识的不同和艺术处理的技巧,客观上也可以反映出一个人的文化素质。一部好的专题邮集具有丰富的内涵,闪烁着作者的智慧、灵气和发现。好比盖大楼,建筑材料都一样,而建造出来的大楼却相差很大,有的创意新颖,有的却墨守成规。对于同一个题材,都拥有相差无几的素材,但每个人制作出来的邮集水平却相差悬殊。制作邮集是要张扬个性,是采用好的创意、好的表现手法的舞台。在制作过程中可以体会到无穷的乐趣。

三、专题集邮的素材选用

1. 邮品的选择

邮品的选择和利用首先要切题。邮票以新票为好,只有旧票的价值远远大于新票时才可以使用旧票。同一套邮票在同一部邮集中出现是不适宜的,应该拆开使用。

在整部邮集中,同一个国家的邮品不能超过 10％;众多国家的邮品出现在同一部邮集中可以反映出专题研究的深度和收集的难度。由于奥运获奖、某些会议的召开、领导人访问等诸多原因而在已发行的邮票上进行加盖纪念,就改变了原来邮票的属性,选择专题素材时要避免选取这种加盖以后的邮品。如体育邮票上加盖了红十字,就不能算作体育邮票,而应该归入红十字专题。

极限片不能多用,要控制使用。邮票发行至今已有 160 多年的历史,通常可以分为 3 个时期。早期:史前～1900 年。中期:1901～1945 年。现代:1946 年至今。专题邮集中应该包括 3 个不同时期的邮品,并且早、中期的应该占大多数。一部使用大量现代邮品的专题邮集,即使拓展得十分出色也上不了高档次。像计算机、环保等非常现代的选题也可以间接地找到早期的邮品。若讨论臭氧层破坏就会挡不住有害的太阳光线,而导致生存环境恶化时,可以寻找早期有太阳图案的邮戳、邮票、水印、邮资封、片等;若讨论计算机的发展历史、编码时,可以考虑寻找有关珠算、二进制有关的早期邮品。

2. 邮品的多样化和珍罕性

专题邮集要求邮品多样化,除邮票外,还要有封、片、戳、筒、本票、过桥票和附票等。还要有一些漏印、漏色、漏齿、套印、套色不准、胶面印、中心倒印、齿孔移位等的变体票、样票、样张、史前封片等收集难度较大的邮品,即要有珍罕性。在选用珍罕性的邮票时,运用传统集邮方法进行研究,可以显示出集邮者的集邮水平。所以,专题集邮者打好传统集邮的知识基础是必要的。收集难度和珍罕性程度往往决定邮集的分数高低。

专题邮集的邮品中不要有商品痕迹,应无人为雕饰。如果首日封、纪念封上面的邮戳可以加深专题信息,则可采用剪片或开天窗的形式进行展示。剪片是近年国际邮展中流行的集邮素材,所有实寄封都适合于做剪片,特别是邮资机盖戳、邮资机宣传戳几乎全部采用剪片形式。剪片力求邮资相符。所谓开天窗,就是将贴片开口切掉一部分,把信封贴在贴片后面,在开口处漏出所要展示的戳记。天窗开多了影响贴片布局的美观,也增加了布置的难度,采用剪片形式就方便多了。

3. 邮戳

一部专题集邮无邮戳展示就会显得不够完整。世界著名经典获奖邮集《大洋洲鸟类》中使用的邮戳达 170 多枚。不仅利用了信封上的日戳、宣传戳和纪念戳,而且使用了挂号收据和电话局日戳。除非实寄封片上的邮戳十分珍罕,存世极少,才把封片全貌展示,否则采用剪片。有的邮戳不够完整,但只要被选用的信息齐全即可,这只限于古典时期或珍罕而难得的邮戳。邮戳不应出现在空白纸上单独展示,而应同它的载体,如封、片等一起出现。

4. 文字

邮集的专题内容,要用邮品和文字表达;应以邮品为主,文字为辅,文字通常不要太多。

5. 学习

观赏专题邮集就像阅读一部图文并茂、趣味无穷的好书一样,它是作者拥有充足邮品与丰富知识的完整体现。专题知识在邮集的组编过程中作用十分重要,一位机械师选了足球专题,就必须学习和阅读大量有关足球的文献,要了解足球的发展史,有何种大赛、比赛规则、动作名称、技术词汇,有哪些球星、哪些官员,吉祥物是什么,各界赛事的徽志等专业知识。

▶ 四、提纲制作

专题邮集的标题、前言和目录称为"纲要",又称"计划页",置于邮集之首。

大部分标题、前言占 1 个贴片,目录占 1 个贴片,也有的标题、前言和目录仅占 1 个贴片。多数人喜欢把邮品或画片点缀在前言和目录页中,对此,评审员既不加分也不减分。这是唯——处允许放置非邮品的地方。

1. 标题

题目的选择首先取决于个人的爱好，对所选题材的认识程度和能否取得这方面的邮品与相关资料。题目与副标题共同界定了展品的范围。一位国际集邮权威曾经说过，选题可以决定这部邮集能够获得什么样的奖项。

选题要想有进一步的发展潜力，能够通过努力而达到上层次的目的，应该考虑以下几点：

邮品可以来源于世界各国，并且可以从早、中期的邮品中获得大部分。

可以选择多种有关的集邮素材，并且要具有一定的珍罕度。除了邮票之外，还要拥有邮政用品、趣味销票戳、图案销票戳、图案邮资机戳、专题地名戳、错体票及相关的水印等，即专题的素材要很丰富。

题目要避免范围过窄，过窄会增加收集的难度，延长成集的时间，甚至邮品太少，导致半途而废；题目要避免范围过宽，过宽收集范围广，难于取精，容易限于表面而不够深入；要尽可能选择无人尝试过的全新题目。

选题应该创新，一是要争取选择前人没有用过的，以奇制胜；二是要"老选题，新制作"，即在制作手法上也要创新。

2. 前言

前言起到画龙点睛的作用，是作者文字功底的反映。前言的字数应该在 300 字以内，其发展的趋势是字数越来越少，甚至省略。前言一定要精练，简明，高度概括。

如邮集《鹰》的前言是："鹰的自白：我是一只生活在广阔天地之间，形体巨大的食肉猛禽，我无所畏惧，至尊无上，翱翔于天地之间，激起人们的仰慕之情并仿效我的自由精神。因此，千百年来，人们对我敬畏钦佩有加，把我当作权力、强权、勇气、速度和尊严的最根本的象征。这，便是我的故事。"

邮集《陶瓷》的前言是："陶和瓷是水、土、火的有机结合，是人类智慧的结晶。

"中国是瓷器的故乡。在相互交流的过程中，瓷器对外传播并日益发展，形成了一个庞大的陶瓷家族，与人们的生活息息相关。

"随着社会的进步，陶瓷带给人们的不仅仅是一种器具和材料，更是一种艺术的享受,具有深厚的文化内涵。

"陶瓷将永远伴随你、我、他。"

邮集《火》的前言是:"火在宇宙中永存,人类出现之前就已有火。人类在其生活和生产的实践中识火、用火、驾驭火,从而创造出了高度文明的社会。火是创造万物的上帝,也是毁灭它们的死神。人们,可要小心用火呀!"该前言的下面巧妙地使用了一枚"灾难封"。

3. 目录

纲要界定了展品的构成,是邮集的灵魂,是故事情节层次展开的纲领,体现出创作计划、邮集结构、拓展深度。一般用"章"和"节"的顺序来表明纲要的拓展。题目和纲要必须展示在邮集的第一张贴片上。不同的观念,常常导致各自的表现手法大相径庭。

目录至关重要,千万马虎不得!它直接反映出邮集和作者的水平。目录与标题内容一定要一致。

下面列举获奖邮集的目录供我们参考。

邮集《帆船》目录:

(1)帆船的结构和原理:帆船的产生;帆船的主要器具及其性能;利用风力的原理和方法。

(2)帆船的发展:具有地区特征的早期帆船;船具与船型的发展;著名船型;战船——造船技术发展标志;船艇。

(3)帆船的鼎盛时期:帆船在"地理大发现"和探险考察中的重要作用;开发与交流;促进航海事业的发展;测绘世界。

(4)帆船在航运业的衰落:自然界的影响;科学技术的发展。

(5)帆船运动的兴起:受人喜爱的群众性运动;帆船赛;环球航行。

(6)帆船的永恒:纪念、宣传、研究帆船的机构、活动和场所;帆船的文化艺术。

▶ 五、发展方向 回

创新是发展专题集邮的灵魂,创新性包括创造性和新颖性。创造性是指用新题材、拓展新内容和选用新素材。新颖性是指对老专题的新拓展,采用新的处理手法。目前专题集邮朝着以下几个方向发展:

1. 选题小而精

热门题材选择的人多,给人一种陈旧感。如"桥",一个邮展中出现了 5 部邮集,尽管每人思路不同,邮品不同,但是不可能部部都吸引人。同时可比性强,获高奖的难度增加。因此,在选题上要有独到之处。

目前流行选择某一专题事物中一个小分支领域作为题目,进行拓展,拿《体育》来讲,可以用《篮球》、《足球》、《田径》等为题目。题目还可以再小,如用《第 22 届夏季奥运会》、《世界杯足球》、《绿茵门神》等。题目缩小了,专题与邮品深入开拓的空间却扩大了。

2. 拓展细而全

如《胡子》邮集有"胡子的敌人——剪刀";《夜》邮集有"情人幽谷"、"小偷"、"夜间偷袭"等,增加了故事性和趣味性。

3. 素材专而广

"专"是指素材准确,非"似是而非";"广"是指素材多样性,邮品囊括了各种邮政用品和各种变体、印样、特殊邮戳、邮资标签、军邮品、空难和海难封、史前封、国际回信券、包裹单、电报纸……种类数不胜数。而邮票的使用率越来越少,有的降低到 30％以下,国际上获大奖的邮集,邮票使用率甚至降低到 20％以下。

4. 增加珍罕素材集邮研究传统化

为了突出珍罕性,使用了一些变体邮票等作为素材,往往是借用传统集邮的研究方法,如对版式进行研究和展示。

第四节　其他类邮集

一、邮政史邮集

邮政史邮集的主体是实寄封、实寄邮政用品、实寄邮政单据和某些信销票。用这些素材编组邮集,研究和反映一个国家或地区某一时期或某一方面的邮政史实,如对史前邮政业务,国内、国际邮政业务、邮资、邮路、邮戳、军邮、海事邮件等的处理。

二、开放类邮集

开放类邮票因为正处在试验阶段,是尚未正式列入 FIP 的一种竞赛级展品,所以又被称为试验类邮集。

为了鼓励更多的人参与集邮展览,解决古典素材与现代素材、资深集邮家与年轻集邮者、发达国家与发展中国家之间所存在的矛盾和巨大差别等,允许突破 FIP 规则的束缚,允许使用一些非邮品(可占 30％~50％),如照片、电话卡、烟标等与邮品组成邮集,增加趣味性,将最大的自主权交给参展者。

三、航空邮集

航空与航天是有区别的。在同温层以下飞行的被称为"航空",越过同温层飞行的被称为"航天"。

航空邮集常用的素材有:

1. 经航空寄过的实寄封片。

2. 按航空邮资贴好邮票,准备航空邮寄,但因正当理由,如突发战争等原因实际未按航空寄成的邮件。

3. 空难邮件。

4. 航空邮票及其设计图稿、印样、样票、变体票等，其中包括采用传统方式进行研究，如对版式、齿孔、水印等要素的研究。

5. 航空邮政用品，如航空邮简、航空邮资明信片等，应以实寄品为主。

航空邮集应重点展示航空邮政是如何发展的，可以理解为"航空邮政历史集邮"。

每一个国家、每一个地区在每一个时期都有自己独特的发展历史，甚至有独特的素材，这些都应是展品重点揭示的内容。

▶四、航天邮集

利用与空间探索相关的集邮素材，按照时间顺序展示空间研究和空间计划的有关事件，用来显示人类在征服宇宙空间过程中所取得的科技进步。

航天类邮集适用的主要素材包括：

1. 上过天的邮品。这包括早期的同温层气球搭载封片及邮品；火箭邮件（1928～1945 年）；宇航封（太空搭载封）。

2. 与不同阶段空间计划有关的邮资票品。

3. 在空间事件发生的当天，经当地邮局盖销的封片。

4. 由卫星传输的邮递电讯。

5. 其他适用素材。

▶五、青少年集邮类

青少年集邮是集邮活动的未来和希望。通过编组邮集可以使青少年从小就受到正规训练，会对将来成年以后的集邮发展奠定一个雄厚的基础。

青少年集邮展品是指 21 岁以下的竞赛性邮集。按年龄分为三组。A

组:13～15岁。B组:16～18岁。C组:19～21岁。按青少年类邮集评分标准分为两种,一种用于专题邮集,一种用于传统、邮政史、邮政用品、航空、航天、税票、极限类邮集。评分标准不同于成年人。

1. 专题类邮集

对专题邮集,对不同年龄组邮集有不同的要求:A组应多使用邮票,占50％左右,要用经邮政使用过的封、片,要展出不易获得的邮品;B组应多使用封和其他邮品,并有专题和集邮的注释,要求封和其他邮品的邮资正确,要有"难于收集"的邮品用于表现重要的集邮特征;C组要求使用各种邮品,封要占30％～40％以上,应选用珍罕邮品(试样、印样、变体等),且要看获得的难度。

在素材选用上要避免使用品相不太贵重的邮品,不要新票、旧票混用,不应该已经展示了小本票的封皮,又去单独展示该小本票的邮票,不能上成套邮票。专题解释的说明文字要准确,与展示的邮品要一致。

2. 传统类邮集

对于传统集邮,"计划"要像数学推理,有逻辑性,一步步细致说明,清清楚楚。其"标题"与"计划"应该放在一页,分开是不可取的。在显示知识方面,不能出现专题的注解。实寄封下面简单说明邮资、邮路、邮票使用的起讫时间,可以显示你的知识和研究水平,但不是必须这样做。

3. 邮政用品类邮集

对于邮政用品类邮集,有三种组集方式可供选择,一是一个国家一段时间内的邮政用品;二是一个国家的一套邮政用品;三是多个国家为同一目的而发行的邮政用品。三种邮集都必须遵循各自的主线组编。邮政用品类的素材是封片,使用过的旧邮政用品比未经寄递的新邮政用品评价高。编排时,避免张张贴片都是上下对齐的两张封片,这样缺乏变化,显得呆板。

第五节　邮品的保管

　　集邮品,不管从经济角度还是精力角度来讲都是比较珍贵的物品,它凝聚了集邮者的财力和心血,因此保管是非常重要的工作。然而,不管是邮票,还是明信片、邮简、信封、折或卡等,都有一个共同的特点,那就是它们都是纸制品。即使有一些金箔、铝箔、银箔等集邮品,可也都和纸相依为命。由于纸较易受损,因此,对邮品的保管,尤其是有背胶邮票的保存,在某些地方成为了主要问题。对邮票的保管要"预防重于补救"。首先在预防上采取措施,修补邮票则是次要的。

▶ 一、防火

　　邮品是纸制品,防火是第一位的。放置集邮册要远离火源,最好能置于防火的保险柜内,这样更为安全。

　　高温天气不宜过久地欣赏邮票,绝对不能让强烈阳光直接照射邮票,免得集邮册起翘。保存温度以不超过 30℃为宜。

▶ 二、防水

　　集邮者要注意藏室是否漏雨,什么地方漏雨。集邮册要躲开漏雨的地方保存。住室地势低洼,必然要产生湿气,因此集邮册要远离潮湿的地方。

　　在欣赏或参观邮集时,不要边喝茶边看邮册,也不能一边吸烟一边看邮票。尽量避免殃及邮品。

▶ 三、防霉

纸质品受到潮湿就容易发霉,邮品也不例外。在一定温度、湿度的条件下,滋生霉菌,导致邮品发霉,使邮品上产生斑点,而且极难消除掉。特别是南方地区,雨水较多,气温较高,湿度较大,有所谓"梅雨季节"。这个时候,有背胶的邮票应放入密封容器之中,不能经常打开,如果放在箱子或柜子当中,应同时放入吸湿剂(如硅胶),尽量保持干燥。梅雨季节过后,应将集邮册拿出来,通风吹晾。

▶ 四、防压

收藏邮票册,不论是插册还是贴册,在书柜中均应立着放,切忌平放,更不能数册叠放。因为有背胶的邮票,在温度较高时会产生熔化,湿度较大时,也有可能熔化,极易造成背胶受损。有不少解放区邮票是石印,刷色浮在纸面,积压时间过长,刷色会被吸到护邮袋上,使邮票刷色变浅,严重者会成为一块"白"纸片。

▶ 五、防晒

邮票图案要避免太阳光直接久射,如将邮票装入镜框内日久悬挂,或在柜中陈列,日久经灯光直射,轻则褪色,重则变色。

在邮展中,展览方一般会特别注意灯光的安置。如果用日光灯直接照射,不但会使邮票刷色起变化,还可能使邮票晒裂。

▶ 六、防化

邮票不能与某些化学物质接触,如酸和碱。邮票一旦与这些化学物质

接触,便会发生刷色变化,可能绿变蓝、橙变黄等。空气中碳酸气(二氧化碳)浓度高时,也可能伤及邮品。

化学变色作用来得快,一些不法分子故意用化学药水浸泡邮票,使其变色,谎称是错色票,以此骗人。

▶七、防污

有些初集邮者常用手直接去拿邮票,甚至用手传来传去,这样极易污染邮票。集邮者应从开始集邮时,便养成使用邮票镊子的习惯。

▶八、防损

假如处理邮票或欣赏邮票时不小心,就会把邮票齿孔折损或使邮票纸质出现折痕等。邮票放入插册时,不小心也可能把邮票齿孔弄坏。邮册质量不好,发生翘曲时,也会损坏内装的邮票。贴票册放置邮票,千万不要使胶水纸与邮票直接粘连,邮票要先装入护邮袋中,让胶水纸与护邮袋相连。

▶九、防虫

邮票本身不易产生蛀虫,可是邮册,特别是插票册,由于制作时使用淀粉做黏合剂,极易产生蛀虫。近年来高科技生产的邮册已不使用黏合剂,有的改为热压,这种情况下产生蛀虫的机会便少多了。

▶十、防鼠

老鼠是破坏力极大的动物,大到防洪大堤电线电缆,小到大米、白面,它们都能破坏,当然邮票册也不会例外。集邮者应注意保存自己的邮品,防止被老鼠咬坏。

▶ 十一、防盗

如果邮票收集到一定数量,而且具有相当的价值时,应购置保险柜,既可防火,也能防盗。如果藏有非常名贵的邮票时,应在银行或保险公司租用一个保险柜存放。历史上,因偷盗名贵珍邮而引发的凶杀案屡见不鲜,所以集邮者一定要慎重保管自己的邮品。

青少年课外文体娱乐指南